# JULES,

ou

## LE TOIT PATERNEL.

I.

*Deux exemplaires de cet Ouvrage ont été déposés à la Bibliothèque Impériale. Je saisirai tous ceux qui ne seront pas signés par moi.*

Paris, 1.ᵉʳ mai 1806.

*On trouve chez le même Libraire:*

ELMONDE, ou la Fille de l'Hospice, 5 vol. in-12, imprimés sur papier fin, ornés de jolies figures; par *le même auteur*. Prix 10 fr. Franc de port, 13

Adieu, Pédans!

# JULES,

OU

## LE TOIT PATERNEL.

PAR M. DUCRAY-DUMINIL.

> Quel est cet asile champêtre, au fond de ce vallon, près de ce ruisseau limpide?.. Ciel, je le reconnais, c'est la maison de mon père!...

### TOME PREMIER.

PARIS,

DENTU, Imprimeur-Libraire, quai des Augustins, n.° 17.

1806.

# JULES

ou

## LE TOIT PATERNEL.

― ― ―

### I.

*Il arrive enfin cet âge où l'on secoue la poussière des études, pour devenir le premier ami de son père.*

Déja le crépuscule commence à éclairer les vastes rues de l'immense ville de Paris..... Il est près de quatre heures du matin, et l'on frappe à coups redoublés à la porte du collége de Lisieux, rue Saint Jean-de-Beauvais. Le portier étonné, se frotte les yeux, les ouvre, et demande qui peut troubler son repos de si bonne heure. C'est moi, lui répond-on ; vous saviez bien que je devais venir, dès le point du jour, chercher le petit Jules, que je vais remener chez son père. — Le petit Jules ? mais il dort sans doute ; tout dort encore dans cette maison. — Oh, il ne dort pas, lui, j'en suis bien sûr ; il m'attend. Il a fini ses études, et il brûle de quitter le collége pour retourner chez ses parens. Ouvrez-moi toujours. — Je veux bien vous ouvrir ; mais il faudra donc que j'éveille M. Bergeron ; je ne peux pas laisser sortir un de ses écoliers sans sa permission. — M. Bergeron est prévenu d'hier ; j'ai payé le dernier quartier de la pension de l'enfant. Il n'y a plus d'autre formalité à observer que de me le livrer. — Ah., c'est vrai, M. Asselino ; je m'en souviens à présent ; M. Bergeron me l'a dit hier soir ; c'est que je dors encore, et ma mémoire me faisait infidélité ; je suis à vous.

Le portier du collége ouvre et conduit Asselino au dortoir où tous les écoliers sont plongés dans le plus profond sommeil, excepté Jules et son bon ami Dennecy. Jules est tout prêt à partir ; il se jette dans les bras d'Asselino : Te voilà, lui dit-il en l'embrassant avec effusion ; tu vois, je t'attendais ; oh, je n'ai pas dormi, vas. Mais tu viens bien tard ? — Comment, bien tard ? il n'est pas quatre heures. Demandez à votre portier, il vous dira que je suis venu bientôt, lui. — Ah, parbleu, il a le tems de dormir, répond Jules.

C'est que, vois-tu, mon bon Asselino, je suis si impatient de revoir mon père, ma mère ! Je brûle de les serrer dans mes bras ! — Oh, ce n'est pas aujourd'hui, ni demain d'abord ; car vous savez que nous avons cent quarante lieues à faire avant de nous trouver réunis à eux. — Mon dieu oui. Dis-moi, serons-nous long-tems en route ? — Cinq, six jours, huit jours peut-être ; cela dépend des événemens. Au surplus, nous irons vîte ; j'ai une chaise de poste là-bas.—Une chaise de poste, oh quel plaisir ! Dennecy, nous irons en poste. Je n'ai jamais voyagé comme cela, moi. Que je vais être heureux ! — Fort bien, Jules ; mais si vous êtes prêt, partons. — Je suis prêt, il y a long-tems. Voilà ma malle, mes effets tout arrangés, ainsi que mes livres. — En parlant de livres, n'oubliez pas ceux que vous avez gagnés en prix, tant à l'Université qu'à votre collége ; cela fera plaisir à M. Berny. — Ils sont là-dedans, tous mes prix. C'est que j'en ai remporté beaucoup ; tous les ans quatre ou cinq. — C'est bien ça, mon petit Jules. — Tiens, il m'appelle encore son petit Jules, quand j'ai quinze ans passés, quand j'ai fini mes études, quand je quitte pour jamais le collége, où je me suis ennuyé, ah!.... — Je sais que vous êtes un homme maintenant, et je suis certain que vous le prouverez à votre père, par votre raison, votre conduite, et sur-tout par votre soumission à suivre les bons avis de ceux qui vous aiment. Vous au-

rez besoin de docilité, mon ami, oh, vous en aurez bien besoin!...
— Il soupire! Est-ce que le bonheur ne m'attend pas sous le toit paternel? — Il ne tiendra qu'à vous d'y être heureux, très-heureux!.... Mais encore une fois, partons.

Jules s'empare des petits effets qu'il peut porter jusqu'à la voiture ; son jeune ami Dennecy prend une part du fardeau; le portier fait venir Joseph pour qu'il se charge de la malle. Joseph est le correcteur du collége. Jules lui lance un regard de travers, et lui dit, en lui donnant une légère tape sur le dos : Adieu, vilain Joseph ; tu ne me donneras plus de férules, vas.

Asselino se détourne pour sourire ; mais il est bien content quand il entend son jeune maître ajouter:

Cependant, je ne t'en veux pas, mon pauvre Joseph. Tiens, voilà six francs pour boire à ma santé, et te ressouvenir de moi.

Ce trait pénètre l'ame du vieil Asselino; il voit avec plaisir que Jules a un bon cœur. Jules en donne de nouvelles preuves en ouvrant sa bourse au portier, aux commissionnaires du collége, à tous ceux qui s'offrent à sa vue et qui lui ont été de quelque utilité. Jules embrasse Dennecy : Adieu, lui dit-il, adieu, mon bon ami. Tu as été ici le seul avec qui je me sois lié; je ne t'oublierai jamais, et je t'écrirai, comme je te l'ai promis, aussitôt que je serai arrivé chez mes parens. — Que tu es heureux, lui répond Dennecy! moi, pour revoir les miens, il faut que j'attende...—Un an encore, ça n'est pas trop. Ecoute donc, tu-es plus jeune que moi ; eh puis tu as doublé deux classes, ça t'a reculé. — Oui ; mais, dans un an, je retournerai à Arles, chez mon père ; je serai presque ton voisin. — Sans doute, et nous nous verrons souvent ; car d'Arles à Orange, il n'y a pas loin, je crois.

Les deux amis se confondent encore dans les bras l'un de l'autre, avec cette effusion qui n'appartient qu'à la jeunesse et à l'innocence. Jules enfin monte dans la chaise de poste, s'y place à côté d'Asselino ; puis, pendant qu'on la ferme, il étend ses deux bras vers le collége qu'il quitte, en l'apostrophant ainsi : Adieu, pédans !

Qu'est-ce que c'est donc que cette exclamation, demande Asselino ?

Comment, ce sont vos maîtres à qui vous faites cet impertinent adieu! des hommes qui ont pris soin de votre enfance, qui vous ont donné des talens! — Ah, bas! ce sont tous des pédans, je le répète, Asselino ; ces gens là ne rient jamais d'abord; et ils vous accablent les pauvres écoliers de pensums, ou pinsons, si tu veux! Tu ne sais pas ce que c'est que des pensums, toi?—Comment voulez-vous que je le sache? je n'ai jamais été au collége; un pauvre domestique, entré à dix-huit ans au service de votre grand-père, a-t-il pu étudier comme vous? —C'est une bien vilaine chose que des pensums, vas!.... Mais je te dirai ce que c'est dans un autre moment. Laisse-moi jouir du plaisir d'être dans la chaise de poste, de courir comme le vent toutes ces rues de Paris, où il n'y a encore presque personne. — Que des ouvriers et des paysans : les uns vont à leur ouvrage, les autres reviennent de vendre leurs fruits; car il faut que tout le monde travaille. — Sans doute; mais quand je serai chez papa, je ne travaillerai pas, moi, n'est-il pas vrai? — C'est-à-dire que vous ferez le petit paresseux, et que vous oublierez votre latin, votre grec, toutes les belles choses que vous avez apprises? — Oh non; je m'en servirai pour étudier, pour lire et comprendre ce que je lirai dans la bibliothèque de mon papa. A-t-il une bibliothèque? —M. Berny? la sienne est la plus belle qu'il y ait dans toute la Provence!—Ah, tant mieux. Je m'amuserai bien; je lirai, je jouerai, je m'instruirai, je me promènerai. Oh, mon Dieu, mon Dieu, Asselino, juge donc combien je suis heureux aujourd'hui! — Je le conçois bien. Jusqu'à présent vous n'étiez qu'un enfant; mais il arrive enfin cet âge où l'on secoue la poussière des études pour devenir le premier ami de son père. — Le premier ami, son meilleur ami, oh, je le serai, Asselino, je te le promets; et si jamais je manque à cette parole, rappelle-moi ma sortie du collége, ce voyage que je fais là avec toi, avec toi, mon bon Asselino, que j'aime, que je respecte, parce que tu m'as vu tout petit, parce que tu m'as toujours prodigué les plus tendres soins. — Eh! j'en ai bien d'autres à vous prodiguer, mon cher maître!..... Nous ne devons pas encore mettre un terme, vous à votre affection, moi à ma surveillance. — Ta... surveillance ? — Vous m'entendrez un jour, vous me comprendrez. Et puissé-je n'être jamais dans le cas de vous rappeler votre promesse, notre voyage, ni cet entretien!

Asselino soupire encore. Jules, qui ne comprend rien à sa mélancolie, cherche à le distraire en lui faisant remarquer la campagne qui les environne et le soleil qui s'élève derrière le coteau de Villejuif, village où ils vont entrer pour relayer.

Jusqu'à Montargis, où ils descendirent pour coucher à l'auberge de la Madeleine, le petit caquet de Jules ne tarissait pas, tandis qu'Asselino restait toujours pensif, comme un homme qui est livré à de profondes réflexions. En soupant, Jules lui demanda pourquoi il paraissait si triste : je ne le suis point, lui répondit le bon vieux serviteur. Seulement, je pense à mes maîtres, et à vous, à vous, Jules, qui allez courir une carrière très-difficile à traverser pour atteindre un but.... que nous désirons bien tous ! — Tiens : qu'est-ce qu'il me dit là, avec sa carrière, son but ? En vérité, mon cher Asselino, tu parles presque comme les professeurs que je quitte; tu emploies des figures de rhétorique ! Voyons, quel est ce but ? — Votre raison est-elle assez mûrie pour... ? — De la raison, j'en ai, Asselino; ne suis-je pas un homme à-présent ! Mais laissons cela. Dis-moi : mon père et ma mère auront-ils autant de plaisir à me recevoir que j'en aurai à les embrasser ? — Belle question ! Est-ce que des père et mère ne chérissent pas leur enfant, sur-tout un fils unique ? — Et ma petite cousine, est-elle toujours à la maison ? — Mademoiselle Aloyse ? Toujours, elle est toujours chez votre maman qui est sa tante, mais qui lui tient lieu de père et de mère, puisqu'elle a perdu les auteurs de ses jours. — C'est vrai ; elle est orpheline, la pauvre enfant ; et papa ainsi que maman en prennent soin. Oh, que c'est bien ça, Asselino ! — Quand vous voudrez des modèles de toutes les vertus, Monsieur, vous n'aurez qu'à regarder, qu'à écouter vos parens. — Cette chère Aloyse ! il y a six ans qu'elle est venue me voir avec monsieur, M.$^{me}$ Berny, et toi. Qu'elle était jolie alors ! l'est-elle toujours ? —Bien plus jolie encore. Ce n'était alors qu'une enfant. A présent elle a douze ans, Jules, et elle est plus raisonnable qu'on ne l'est ordinairement à cet âge. — Elle est jolie, tant mieux; elle sera ma femme. — Bon ! voilà un projet... — Oh ! décidé depuis long-tems dans ma tête. — Et savez-vous s'il est décidé de même dans celle de M. Berny ? — Bah ! mon père ne voudra jamais que mon bonheur et celui de sa nièce. Elle sera ma femme, je te le dis, et tu le verras. —Vraiment, si cela arrivait, vous y auriez pensé de loin ! — Je suis comme cela, moi; quand je veux une chose, il faut qu'elle se fasse. —Vous avez du caractère, à quinze ans ! — Un très-grand caractère, très-grand, très-grand. Et mon oncle Dabin, qui est venu plusieurs fois me voir au collége, parce qu'il résidait à Paris, y a-t-il long-tems qu'on ne l'a vu à la maison? —Votre oncle Dabin est ruiné, mon ami Jules. —Ruiné! mais a-t-il jamais eu de la fortune? — Beau-frère du père de madame Berny, et par conséquent oncle de votre mère, il entra de bonne heure au service. Il fit la guerre, il y prodigua même son patrimoine; reduit ensuite à une modique pension de retraite, de retour à Paris depuis huit ans, il a envain sollicité auprès des ministres une juste récompense de ses services. Aujourd'hui qu'il ne possède que six cents livres de rente, monsieur votre père l'a déterminé à venir vivre auprès de lui, afin d'ajouter par l'aisance de sa maison au faible avoir d'un parent infortuné. — Et mon oncle Dabin a accepté ? — Il a accepté. On l'attend sous quinze jours au Paradis.

Jules, tout en dévorant une aile de poulet, continua ses questions : Au Paradis, dis-tu ? c'est ainsi qu'on nomme la terre de mon père, je le sais ; mais je ne l'ai jamais vue. Il faut qu'elle soit bien agréable, puisqu'on lui a donné un si joli nom ! — Ce n'est point une terre : c'est une maison vaste, très-commode, avec un jardin de vingt arpens à-peu-près, et quelques terres au-dehors. Tout cela est situé au bas de la superbe montagne qui domine la ville d'Orange. Plusieurs ruisseaux, qui se jettent dans le Meyne, arrosent les murs de cette possession, entrent dans le jardin et y répandent une fraîcheur qui est augmentée encore par des bosquets touffus de toutes sortes d'arbres odoriférans ou fructifères. C'est en un mot un asile délicieux, et qui a bien mérité son nom du Paradis, qu'il porte depuis quatre-vingt ou cent ans, très-long-tems avant que votre père en fît l'acquisition. — Ah, ce sera bien de nom et d'effet le Paradis pour moi ; la maison paternelle ! — Puissiez-vous toujours en sentir le prix ! — Bien ; te voilà encore avec tes souhaits et tes soupirs ! je ne sais quels maudits pressentimens t'agitent ; pour moi, je n'en ai que de plaisir et de bonheur. Tu vas me dire *c'est ce que je vous souhaite*, n'est-ce pas ? comme le prédicateur qui est venu nous debiter un long sermon à Pâques dernier quand j'ai fait ma première communion au collége! Tu lui ressembles ; tu as l'air aussi grave, aussi contrit que lui. Tiens, je vais te verser à boire, bon Asselino; à ton âge, un petit coup dissipe la mélancolie.

Asselino, malgré la tristesse qui le domine involontairement, ne peut s'empêcher de sourire du ton gai, franc, décidé, de son petit bon homme. Il accepte sa proposition, et tous deux se livrent au repos du sommeil, en attendant le lever de l'aurore qui doit les réunir dans la chaise de poste.

Nous ne suivrons point ces deux amis pendant leur voyage jusqu'à Orange; nous ne peindrions que faiblement à nos lecteurs l'admiration, les exclamations de Jules Berny, en parcourant les beaux chemins qu'on rencontre sur les bords de la Loire, de Cosne à Maltaverne, à Pouilly; les charmantes routes de Moulins à la Palue, sur les bords de l'Allier. Il fut bien étonné, entre Rouane et Lyon, de voir qu'on fût obligé d'atteler des bœufs à ses chevaux de poste pour monter les montagnes, sur-tout celle de Tarare. C'est un maudit chemin que cela, dit-il à son compagnon de voyage; on y va toujours en montant ou en descendant.

Entre Vienne et Auherive, Asselino lui fit remarquer, de l'autre côté de la rivière, le fameux coteau qui donne le vin de *Côte-Rotie*. A dix-sept lieues plus loin, ils admirèrent de même la montagne de l'*Hermitage*, d'où vient le vin de ce nom. Ils ne s'arrêtèrent qu'à des remarques de ce genre. Asselino, qui avait beaucoup voyagé, qui d'ailleurs était doué de quelque instruction, rappelait à son jeune ami, sur les villes, les sites, les provinces, des souvenirs historiques que Jules saisissait à merveilles; et le bon Asselino vit avec plaisir que le fils de M. Berny avait fait de très-bonnes études, qu'il avait des connaissances assez étendues pour son âge, qu'il possédait enfin de l'esprit, de la gaîté, de l'érudition et du piquant dans ses réponses ou dans ses saillies.

Ce fut ainsi qu'en entrant dans la Provence, Jules, excité par le désir de faire briller sa science, s'écria du ton d'un inspiré : Je te salue, ô contrée qui dus ta première célébrité aux phocéens, aux phocéens qui fondèrent Marseille et civilisèrent les habitans de cette belle partie de l'Europe.... C'est que, tu ne sais pas, Asselino, sous l'empire des romains, la Provence acquit encore un nouveau degré de splendeur, et cette partie de la Gaule...: — Fort bien, interrompit le bon serviteur ; ce que vous dites, ce que vous allez dire est trop savant pour moi. Je n'en sais pas si long ; et à mon âge, tout cela troublerait ma pauvre cervelle, plutôt que de s'y loger commodément comme dans la vôtre, par exemple.—Ecoute donc, Asselino ; c'est mon pays, la Provence ; je l'ai bien étudié, vas : si je ne savais pas l'histoire de mon pays ! oh ! mon père me ferait de jolis reproches; et il aurait raison.

Asselino néanmoins était enchanté de ce que son jeune maître savait mêler, à beaucoup d'enfantillage sans doute, de l'instruction, du goût, du jugement, et le desir de mériter l'estime autant que la tendresse de ses parens. Asselino se faisait une fête de présenter un enfant aussi intéressant à M. et à M.<sup>me</sup> Berny; et ce bonheur arriva enfin; car, après six jours de route, vers le soir, le soleil n'éclairant plus qu'à peine le sommet des montagnes, Jules aperçut, dans une belle plaine, une maison de campagne d'un aspect ravissant, et Asselino lui dit : Mon ami, voilà le toit paternel!...

## II.

*Conçoit-on le bonheur du père de famille qui retrouve un homme dans l'enfant éloigné de son sein depuis huit années !...Un moment ? pourquoi le nuage de l'inquiétude vient-il obscurcir un jour aussi serein !...*

A-T-IL fait un tems superbe aujourd'hui, dit M.<sup>me</sup> Berny à son mari, qu'elle voit revenir du jardin ? — Il est vrai, répond M. Berny, que tout nous promet une soirée délicieuse. — Tu dis cela d'un air triste, mon ami : aurais-tu quelque chagrin ? — Aucun, ma chère Aura, aucun. — Tu soupires néanmoins. — Aura! ne te rappelles-tu pas comme moi qu'à pareil jour, il y a douze ans, à cette heure même, là, là, dans ce salon.... un père, un père barbare!.... — Je t'entends..... je cherchais à l'oublier... Laissons, laissons ce vieillard farouche, inhumain. Il n'est plus, mon cher Berny; respectons sa cendre, et ne pensons jamais à sa cruauté. — Eh! la malédiction d'un père peut-elle donc s'oublier! — Oui; quand elle est injuste, elle ne peut être ratifiée par l'Etre suprême.... Mon ami, mon cher ami, dissipe cette sombre mélancolie qui vient de te saisir depuis un moment. Tu étais si tranquille tantôt! — Je dissimulais, Aura, l'amertume du souvenir le plus douloureux. Tout-à-l'heure, au jardin, mes pas se sont tournés vers le tombeau.... tu sais ? Un trait fatal m'a frappé.... L'époque, le jour, le lieu, tout s'est retracé vivement à ma mémoire trop fidèle.... Je suis tombé à deux genoux devant ce monument funèbre : j'ai cru entendre de nouveau ces paroles formidables; et, je te l'avouerai, Aura, toutes mes facultés se sont anéanties. — Je conçois qu'un pareil souvenir.... Mais, mon ami, douze années se sont écoulées depuis ce funeste moment. Il y en a onze que ton père a cessé d'exister. Dès-lors et jusqu'à présent nous avons été constamment heureux, parce que nous avons su nous suffire à nous-mêmes, nous contenter d'une médiocre fortune. Rien ne peut plus porter obstacle à notre bonheur. Je t'aime, tu me chéris;

nous avons un fils, un seul enfant qui resserre nos nœuds. Cher Berny, oublie tes malheurs, les miens, et ne vivons tous deux que pour l'amour et la nature.

M.me Berny ouvre ses bras à son mari, qui s'y précipite. Les deux époux se confondent dans les plus doux embrassemens, et la sérénité reparaît sur le front de M. Berny.

La jeune Aloyse Duverceil, qui est présente à cette scène touchante, essuie ses yeux, et l'interrompt en disant avec ingénuité : Ma tante, quel jour est-ce donc aujourd'hui ? — Tu es bien imprudente, ma nièce, lui repond madame Berny. Tu vois que je fais tout pour éloigner cette époque de la mémoire de ton oncle, et..... — Ah ! ma bonne tante, pardon ; c'est que j'avais des raisons pour vous faire cette question. — Des raisons? — De très-bonnes, et qui ne vous affligeront pas, j'en suis sûre. —Eh bien; ma fille, parle; c'est aujourd'hui le 12 août: qu'as-tu à nous dire à ce sujet ? — Le douze, bien. Mon cousin Jules a dû partir de Paris le sept. Vous m'avez dit qu'il ne fallait que cinq jours au plus pour venir ici en poste. C'est donc aujourd'hui que mon cousin Jules arrivera. — Aujourd'hui! elle a raison. Ah! mon ami, quel heureux incident pour faire trève à ta douleur!

Aloyse est allée ouvrir une croisée qui donne sur la plaine; elle s'écrie : Mon oncle, ma tante, venez, venez donc! Ne voyez-vous pas là-bas, tout là-bas, une espèce de voiture qui roule sur la grande route, et qui semble prendre le chemin de traverse qui conduit ici, au Paradis ? — Elle ne se trompe pas, Berny ; je crois voir en effet une chaise de poste : c'est mon fils! — Serait-ce en effet mon fils ! s'écrie à son tour M. Berny.

Et la joie brille dans tous les regards.

Il me vient une idée, poursuit madame Berny. Voilà les jeunes chevrières qui retournent au hameau voisin : elles ont à leur tête le petit Olivier qui les conduit au son du fifre et du tambourin. Aloyse ! — Ma tante. — Cours vîte à Niquet, à son fils. — Oui, ma tante. — Dis-leur d'arrêter cette petite bande joyeuse. — Oui, ma tante. — Que Rose s'y joigne, et toi aussi. — Oui, ma tante. — Des bouquets, tous, des rubans? — J'entends, ma tante. — Une marche au-devant de la voiture, et nous derrière; quelle surprise pour Jules! — Oh oui, oui, ma tante.

Aloyse part comme un trait pour exécuter les ordres de madame Berny, et cette bonne mère s'adresse à son mari : Ne consens-tu pas, mon ami, à donner cette petite fête à ton fils? — Tu me charmes, ma chère Aura. J'en veux être; oh oui, j'en serai. — Bien, Berny, bien; et plus de soucis, n'est-ce pas? — Oh! le retour de mon fils, si c'est lui, me rend toute ma tranquillité. — C'est lui vas, c'est lui; la voiture a pris le chemin de traverse. Je ne peux rien distinguer de si loin; mais mon cœur me dit que c'est notre petit Jules. — Pauvre enfant! Saura-t-il calculer jamais les maux qu'il nous a coûtés! — Encore? Berny, vous n'êtes pas sage.... Tiens, viens donc avec moi à cette croisée.... Ah! te voilà.... ta main dans la mienne; à merveilles! Vois-tu cette voiture? Elle vient ici, n'est-ce pas? — Oui, oui, elle vient ici. — Et nous n'attendons personne. — A moins que ce ne soit Dabin. — Mon oncle? Non; il ne doit venir que dans huit ou quinze jours. Il ne quittera les antichambres des ministres qu'à son corps défendant, d'abord! — C'est chez nous que vient cette chaise. — Eh, regarde donc la mère Andrée qui, malgré sa goutte et son asthme, court à la porte. Elle est prévenue sans doute par Aloyse. Voilà les chevrières qui reviennent. Les préparatifs se font.... Tout le monde est à son poste, et la petite marche villageoise part. Il est tems de prendre notre rôle dans ce divertissement impromptu. Sortons, mon ami, et joignons-nous au cortége. — Le cœur me bat. — A moi aussi. — Si ce n'était pas Jules ! — Nous reviendrions la tête baissée, mon ami, comme des gens qui ont été frustrés de la plus douce espérance !... Allons toujours.

Douce fête que se font un bon père, une tendre mère, de revoir leur fils chéri, de l'embrasser, de le serrer dans leurs bras, que vous offrez de charmes aux cœurs sensibles !... Amour conjugal ! amour paternel ! vous êtes sans doute les deux plus nobles sentimens de la nature.

Jules, qui arrive avec Asselino; car c'est en effet leur voiture. Jules aperçoit la petite caravane qui vient au-devant de lui. Qu'est-ce que c'est que cela, demande-t-il au bon serviteur? — Je l'ignore, mon ami. Ce sont sans doute les chevriers qui retournent aux hameaux voisins. — Comment; ils vont comme cela; en troupe? — C'est l'usage dans la Provence. — Mais ils ont des bouquets, des rubans, de la musique! ils chantent. Ecoute donc, Asselino? — Je devine ce que c'est; car je crois reconnaître quelques personnes de la maison de votre père. Oui; voilà Niquet, Rose, Jacques, et mademoiselle Aloyse en avant..
— Aloyse, ma cousine! Aloyse, dis-tu? oh, que je descende? laisse-moi descendre, Asselino? — Un

moment, Jules, un moment? Monsieur et madame Berny sont sans doute dans ce groupe.. Quelle tendresse ! Jules, n'oubliez jamais la manière dont vous allez être reçu dans la maison paternelle ! — Encore de la morale ? ah, tu me fatigues à la fin ! — Elle est nécessaire cette morale. ... oui, cet avis est nécessaire... plus que vous ne le pensez.

La chaise de Jules est bientôt entourée de toutes les pastourelles qui chantent en lui offrant des bouquets. Jules s'élance; il est dans les bras d'Aloyse, et ces deux enfans se font mille caresses qui prouvent et leur ingénuité, et leur excellent cœur. Jules s'écrie : Mon père ! ma mère ? où sont-ils ? — Les voilà, répondent deux personnes qui se présentent les bras ouverts. C'est monsieur et madame Berny qui pressent leur fils sur leur sein. Jules pleure de joie ; Asselino laisse couler de ses yeux quelques larmes, et tout le monde est attendri de cette réunion touchante.

Tandis qu'Asselino congédie le postillon, Jules est conduit en triomphe jusqu'au Paradis, où les chevrières le quittent pour retourner chez elles. Jules n'est plus qu'avec les auteurs de ses jours et sa chère Aloyse. Jules peut se livrer à tous les transports du bonheur qu'il éprouve d'avoir enfin quitté pour jamais ses maîtres, et de se voir près de ses tendres parens. Il les accable de caresses, que ceux-ci lui rendent bien ; puis, après un souper frugal, on le conduit à l'apparte=

ment qui lui est destiné, où l'on a réuni les meubles les plus agréables et les plus commodes.

Jules ne se couche point qu'il n'ait rangé tous ses livres dans une bibliothèque destinée à les recevoir. Il serre de même tous ses petits effets qu'il a apportés; et l'on devine que cela ne lui prend pas beaucoup de tems; on sait quel est le bagage d'un écolier.

Jules dort encore quand son père, vers le tiers du jour, vient frapper à sa porte. Eh bien, mon ami, dit M. Berny, encore au lit? on fait le paresseux quand on doit avoir l'habitude de se lever de bonne heure? On ne veut donc pas voir la maison, les jardins? — Oh, mon père, je suis à vous!

Jules est bientôt prêt. Il ouvre sa

porte; il est de nouveau dans les bras de M. Berny. Il descend rendre ses devoirs à sa bonne mère. Il embrasse Asselino, sa jolie cousine Aloyse, tout le monde. On déjeûne; puis monsieur et madame Berny prenant leur fils par la main, le mènent visiter leur asile, ainsi que le délicieux jardin qui en dépend.

Jules, qui commence à raisonner et qui possède même une intelligence au-dessus de son âge, fait ses remarques, ses observations sur tout ce qu'il voit. La maison lui paraît spacieuse, commode, meublée sans luxe, mais avec goût. Y a-t-il long-tems, demande-t-il à son père, que cette jolie maison vous appartient?

M. Berny soupire et lui répond: Bientôt douze ans, mon ami..... à une époque..... Oui, nous l'avons achetée à une époque.... que tu sauras un jour, quand tu seras plus grand, plus raisonnable. — Plus grand, plus raisonnable! est-ce que mon bon papa ne me trouve pas suffisamment l'un et l'autre?

Madame Berny sourit, et dit tout bas à son fils: Ne pressez plus votre père, mon ami, sur l'époque de l'acquisition du Paradis; cela lui ferait de la peine. — Il suffit, maman, il suffit..... descendons au jardin.

Qu'il est charmant le jardin qu'on fait visiter à notre ami Jules! Des plantations ravissantes d'oliviers, de citronniers, d'amandiers! des bosquets touffus; des ruisseaux qui murmurent, forment des cascades, se réunissent dans un bassin... Jules aperçoit un bateau sur ce canal. Bon, s'écrie-t-il, un bateau ! oh, que je vais jouer! — C'est justement, répond madame Berny, ce que je vais vous défendre, mon fils. Ce bateau sera enchaîné dorénavant et quand vous voudrez vous en amuser, votre père ou moi, ou quelqu'un de la maison, vous accompagneront sur cette pièce d'eau qui est très-profonde, où vous risqueriez de vous noyer. Jugez quel malheur nous éprouverions si nous allions vous perdre un jour par un pareil accident! — Cette sollicitude si flatteuse pour moi me retient, maman, et je n'userai jamais du bateau qu'avec votre permission.

Madame Berny dit tout bas à son mari: Charmant enfant, mon ami! —Oui, répond M. Berny; il est docile, spirituel ; il a de quoi faire.

Jules, qui court en avant, aperçoit une sombre allée de peupliers et de saules pleureurs. Un ruisseau coule au pied de ces arbres lugubres et semble inviter à suivre son cours.

Jules prend cette allée en sautillant. Sa mère l'appelle ; il ne l'écoute pas, et monsieur et madame Berny se voient forcés de le suivre. Jules arrive à un massif d'ifs, et remarque avec effroi, au milieu de cette salle de verdure impénétrable au jour, un tombeau !... Ciel, s'écrie-t-il ! qui donc est enterré là dedans ? ce tombeau de marbre noir, élevé sur une butte de gazon, entouré de cyprès... Oh, ma mère, qui donc est mort dans cette maison?

M. Berny detourne tristement ses

regards et semble vivement affecté. Madame Berny, moins affligée mais silencieuse, prend la main de Jules et lui répond : Mon fils... ce monument fut élevé par votre père à la mémoire du sien, qui n'est plus. — Quoi, mon aïeul repose sous ce marbre ? — Plus de questions, mon ami ? Votre père n'aborde jamais ce lieu funèbre sans répandre des larmes ! Imitez sa piété filiale. Soyez bon fils ? vous êtes plus heureux que lui ; car vous avez le meilleur des pères !..

Jules allait multiplier encore ses questions ; mais voyant que sa mère lui faisait rebrousser chemin pour rejoindre M. Berny qui était déjà retourné sur ses pas, il eut la délicatesse de réprimer sa curiosité ; tout en se promettant bien de ne négliger, par la suite, aucune occasion de la satisfaire.

On revint aux endroits les plus gais du jardin ; on le parcourut de nouveau. Madame Berny montra même à Jules un carré de terrain d'environ dix toises, qui lui était destiné pour y bêcher, planter, semer, faire en un mot tout ce qu'il voudrait; et Jules sauta de joie de ce cadeau, qui lui inspirait déjà des projets que nous connaîtrons par la suite.

Ce n'était pas assez de faire voir à Jules l'intérieur du jardin, qui méritait vraiment son nom, il fallait encore lui faire admirer les dehors et les environs, qui étaient des plus pittoresques. Son père et sa mère eurent cette complaisance. Au bout du jardin, M. Berny ouvrit une petite porte. On sortit ; on se trouva au pied de la montagne qui domine Orange, et l'on gravit le coteau de cette montagne, par un petit chemin tout bordé de fleurs ou d'arbustes odorans. Arrivés sur le plateau, où sont les ruines de l'ancien château, M. Berny dit à son fils : Considère, mon ami, examine la vue admirable dont on jouit d'ici. Voici la campagne d'Orange, les plaines du comté Venaissin, les côtes du Languedoc là-bas, et les montagnes du Dauphiné. Ce fleuve que tu vois au couchant, c'est le Rhône ; à une lieue d'ici, il baigne les murailles de la ville d'Orange, où je te conduirai un de ces jours.... Mais regarde encore ; au midi, tu vois se perdre dans les airs les innombrables flèches des clochers d'Avignon. Tout autour de nous sont semés les plus riches points-de-vue; le pont Saint-Esprit, et sa ville au bout; le haut mont Ventou et son chauve sommet; les murs élégans et circulairement crénelés des villes Vénasques. Ici, mon fils, l'œil est ravi, l'ame est enchantée; et les voyageurs oublieraient l'univers, si, dans le plus doux des climats, ils pouvaient trouver en même tems les plus doux des hommes!... — On est donc bien méchant dans ce pays, mon père? — Ah! mon ami, puisses-tu ne jamais l'apprendre à tes dépens.

Jules remarqua un nuage sur le front de M. Berny; il se hâta de le distraire. Mon père, dit-il, qu'est-ce que c'est que ces ruines-là, tout près de nous ? Je te l'ai déjà dit ; ce sont celles de l'ancien château qui, habité autrefois par les princes d'Orange, réparé et fortifié par Maurice de Nassau, fut rasé depuis, en 1693, à ce que je crois.

Jules fit encore de nouvelles questions à son père, qui y satisfit. Ensuite on descendit, et l'on rentra au Paradis, car il était l'heure de dîner. On servit ; et Jules à table avec son père, sa mère et sa petite cousine, fut bien surpris de remarquer que les mets ne ressemblaient nullement à ceux qu'on lui servait au collége de Lisieux. Il n'osait pas d'abord y toucher, tant l'odeur et la préparation de ces mets lui paraissaient singulières. Mange, mon ami, lui dit son père ; je vois ton embarras : mais tout cela est fort bon ; et d'ailleurs il faut bien que tu t'habitues à notre manière de vivre. Dans ce pays-ci nous consommons peu de viande, excepté dans les montagnes et le long des côtes, où le chevreau est d'usage. En voici du chevreau ; il est excellent. Nous mangeons en récompense beaucoup de poisson frais ou salé, parce que la Méditerranée nous en fournit beaucoup ; mais nous estimons par-dessus tout les olives préparées et les capres. Chez nous, on sert sur la table, comme un mets exquis, des figues et des raisins frais ou secs, et même des citrons, des oranges, limons et poncires, qui par-tout ailleurs ne sont regardés que comme un assaisonnement. Ces mets s'arrangent avec de l'huile ; car nous ne connaissons presque pas le beurre. Nos vins, comme tu le vois, sont forts et vigoureux ; les perdrix, rouges et fort grandes. Goûtes - en ; tu verras qu'elles ont un fumet très-agréable : elles le doivent aux alimens dont elles se nourrissent.

A l'âge de Jules, on n'est pas difficile : il consulta son appétit, mangea de tout ; et d'ailleurs il pouvait fort bien s'accommoder du chevreau et des perdrix, qui en effet étaient très-bons.

Après le dîner, M. Berny entra dans son cabinet pour y travailler. Madame Berny emmena sa nièce et son fils au jardin. Au bout d'une heure, pendant que la mère et les deux enfans s'occupaient à des jeux innocens, ils virent venir à eux M. Berny, pâle, défait, et dont la démarche paraissait précipitée. Oh, mon Dieu, mon ami, s'écrie madame Berny, qu'as-tu? Te voilà bien troublé! — Il faut que je te parle, Aura, à toi, à toi seule, en particulier. — Qu'y a-t-il? —Tu le sauras.

Madame Berny ordonne à Jules, à Aloyse de rester. Elle s'éloigne avec son mari, qui lui dit : Aura!... un inconnu vient d'apporter cette lettre pour moi, pour toi. Lis, lis!

Madame Berny lit à haute voix ces mots :

« Berny, et vous Aura, frémis-
« sez!... De ce jour, commence
« pour vous une carrière nou-
« velle, qui peut vous devenir heu-
« reuse ou funeste!... Veillez, veil-
« lez sur votre fils; redoutez ses
« passions, ses moindres erreurs,

« ou il est à jamais infortuné!....
« Songez à la tâche pénible et dé-
« licate qui vous est confiée. Il vous
« faut former un citoyen vertueux....
« S'il ne l'est pas!....

« Cet avis vous est donné par
« un homme qui ne veut en aucune
« manière se faire connaître.....
« Vous avez un ami; écoutez-le....
« écoutez-le bien.... Le tems dévoi-
« lera un jour ce qu'on ne peut pour
« le moment que vous indiquer. »

Point de signature!...

Madame Berny reste d'abord pé-
trifiée. Eh bien, Aura, lui dit son
mari, que penses-tu de cet avis ?
— Je m'y perds. Notre fils serait
infortuné! nous-mêmes!..... Quel
est cet anonyme qui vient porter
la douleur et l'effroi dans notre
ame? — Au moment, Aura, au

moment même où j'ai reçu ce billet, qu'on a remis à Niquet pour moi, je pensais au plaisir de posséder mon Jules, de le voir grand, formé, presque raisonnable. Je me disais, en résumant toutes les sensations délicieuses que j'éprouvais seul dans mon cabinet, je m'écriais: Conçoit-on le bonheur du père de famille qui retrouve un homme dans l'enfant éloigné de son sein depuis huit années!.... Un moment. Pourquoi le nuage de l'inquiétude vient-il obscurcir un jour aussi serein ? Pourquoi, ma chère Aura, lorsque je suis éloigné de toute espèce de société , lorsqu'enfin je n'ai plus aucun rapport avec les hommes, qui m'ont fait tant de mal, un d'entr'eux, que je ne connais pas, qui ne veut pas se faire connaître, vient-il me donner un avis aussi alarmant? Sans doute, nous chercherons à faire de Jules un homme vertueux; mais, s'il ne l'est pas, dit-on! S'il ne l'est pas, il sera méprisé, abandonné de ses parens, de ses amis; voilà tout ce qui peut lui arriver.... Nous avons un ami, ajoute-t-on. Lequel? Ce n'est pas Dabin. Nous n'avons plus d'amis, chère Aura! On nous prescrit néanmoins d'en écouter un. C'est peut-être Adalbert.... Adalbert est un homme aimable, qui nous est attaché, qui nous l'a prouvé, je le sais; mais encore une fois, nos affaires sont claires. Il n'y a nul mystère, nul secret qui puisse concerner notre famille. Nos persécuteurs ne sont plus; ceux qui restent de nos connaissances n'ont aucune espèce d'affaires à démêler avec nous. Adalbert est à Paris, où il se livre à la dissipation naturelle à ses goûts. Le père Augely, qui est encore un homme très respectable, vient nous voir de tems en tems, quand il est en Avignon, et n'a d'autre relation avec nous que celle de quelque intérêt qu'il veut bien nous témoigner. Pour de l'amitié, ce que j'appelle une amitié solide, je n'en attends nullement de tous ces gens-là; et l'on nous fait parvenir un avis vague, d'une écriture qui nous est inconnue, d'un homme qui ne se nomme point!... Je te l'avoue, Aura, cela m'a troublé à un point!.... — Mon ami, en y réfléchissant, je ne vois pas ce que cela peut avoir d'inquiétant. On nous engage à bien élever notre fils; c'est ce que nous nous proposons. On nous fait appréhender des malheurs s'il devient vicieux ; mais cela est tout simple : lui et nous, nous serions tous bien à plaindre, s'il quittait le sentier de la vertu, dans lequel nous voulons affermir ses pas. Cet avis vient de quelque fou, ou d'un être original, bizarre ; de quelque faux philosophe qui croit devoir se mêler de ce qui ne le regarde pas. Quoi qu'il en soit, conserve soigneusement cette lettre, Berny, et tenons-nous sur nos gardes, en cas qu'elle soit suivie d'une autre du même genre.

Madame Berny, douce, confiante, rassura son mari, lui persuada qu'il n'y avait rien à redouter d'un pareil avis, et M. Berny ne s'en proposa pas moins un plan de conduite pour élever son fils en homme probe et délicat, plan de conduite qu'il soumit à l'adoption de sa femme, qu'elle adopta, et dont nous verrons bientôt les effets.

Cette conversation entre deux tendres époux fut longue. Ils revinrent ensuite se joindre à leurs enfans, et ils satisfirent avec de légers detours la curiosité de Jules qui s'était alarmé de l'altération qu'il avait remarquée dans les traits de son père.

## III.

Ne nous écartons jamais, avec et devant l'enfance, de ces principes, de cette tenue, de ces formes respectables qui tiennent à l'âge mûr, à l'état, au degré d'élévation de supérieurs dignes d'estime; car nos enfans ne remarquent que trop nos ridicules. Ils deviennent des hommes, et finissent par nous juger, avec plus de sévérité souvent que des étrangers.

Le billet anonyme que monsieur et madame Berny avaient reçu, fut, pendant plusieurs jours le sujet de leur conversation, et les inquiéta même un peu; mais, ne recevant plus de nouvel avis, et après avoir réfléchi mûrement sur l'obscurité qui régnait dans les expressions de l'inconnu, ils se calmèrent, ne voyant rien dans leurs affaires qui pût jamais leur susciter le moindre désagrément.

Ils eurent avec cela un autre sujet de chagrin. Le changement d'air, de nourriture, avait altéré un peu la santé de leur cher fils. Jules eut, pendant quatre jours, une petite fièvre qui le retint au lit ; mais il se rétablit, et devint aussi bien portant qu'auparavant. M. Dabin, l'oncle de madame Berny, qu'on n'attendait pas sitôt, était venu profiter de l'offre flatteuse qu'on lui avait faite. Mon neveu, avait-il dit en arrivant, à M. Berny, me voilà, malgré mes sollicitations, depuis huit ans, resté avec ma modique pension de six cents livres. Un vieux militaire, ah! c'est honteux pour le gouvernement! mais enfin me voilà. Vous m'avez permis de les manger chez vous, c'est-à-dire, d'accepter tout ce que votre excellent cœur voudra bien y ajouter. Ma foi, je vous consacre ma vieillesse, toute mon amitié, et dès ce jour je deviens votre hôte. Voulez-vous me montrer ma chambre, et me faire donner un coup à boire; car je meurs de soif.

C'est ainsi que M. Dabin s'était présenté chez ses neveux, qui l'avaient reçu avec cette tendresse, cette effusion de cœur qui les caractérisaient. Jules était en ce moment indisposé chez lui. M. Dabin l'avait visité, embrassé, et le retour de la santé de Jules avait rétabli le bonheur et la sérénité dans la jolie maison du Paradis. Quand Jules eut un moment à lui, il se ressouvint qu'en sortant du collége de Lisieux, il avait promis à son ami Dennecy de lui écrire aussitôt son arrivée chez ses parens. Huit jours s'étaient écoulés déjà, et Jules n'avait pas eu le tems de tenir sa promesse. Enfin, un matin il s'enferma, et traça la longue lettre que nous allons soumettre à nos lecteurs. Nous n'abuserons pas, dans cet ouvrage, de la coupe épistolaire ; mais, dans cet instant où tout est tranquille chez notre père de famille, une lettre de Jules pourra donner une idée de son style, de son intelligence, et de tout l'esprit dont il aura besoin par la suite, pour se conduire dans des occasions bien difficiles.

## JULES BERNY

*A son camarade de collége*
*DENNECY.*

Ce 20 août 1769.

« Que fais-tu, mon bon Amédée, dans la vilaine prison où j'ai vu s'écouler presque neuf ans de ma vie ? Comme tu dois t'ennuyer là, au milieu de ces pédans tout hérissés de grec et de latin ! Pourquoi tes parens ne te font-ils pas passer tes vacances chez eux, à Arles, dans leur maison ? et que ne peux-tu venir ici, au Paradis, être témoin du bonheur que je goûte sous le toît paternel, le partager enfin avec ton meilleur ami ?... mais cela ne se peut pas, je le sais, et il faut bien que je m'en console. Tu as encore un an à rester au collége ; après quoi, dame ! j'espère que nous nous verrons, car nous serons voisins.

« Mais j'y pense ; tu dois bien m'en vouloir, en lisant cette lettre, de la recevoir si tard, moi qui t'avais promis que dès le lendemain de mon arrivée....Tu ne sais pas non plus ; c'est que j'ai été malade. Cela va mieux, rassure-toi. Eh puis j'ai été tant fêté, tant caressé ; ah !.... je n'oublierai jamais, je te l'assure bien, l'accueil flatteur que mes excellens parens m'ont fait. Figures-toi que lorsqu'ils ont vu de loin la chaise de poste où j'étais avec le grave Asselino, des bergers, des bergères.... »

Ici Jules detaille à Dennecy la petite fête des chevriers, dont j'ai parlé plus haut ; puis il continue :

« Le lendemain, nous avons visité notre maison, les jardins, ses environs qui sont charmans. Je ne t'en ferai pas le tableau, cela te priverait du plaisir de la surprise quand tu viendras chez nous.

« Comme nous ne demeurons pas tout-à-fait dans l'intérieur de la ville d'Orange, mais à ses portes, au pied de la montagne qui la domine, mon père m'a mené voir cette ville, où l'on trouve encore des vestiges du cirque, des arènes, des bains, et de quantités d'autres édifices bâtis autrefois par les Romains. L'étendue de cette ville était alors bien plus considérable ; ses murailles renfermaient toute la montagne du château jusqu'au quartier appelé *de la Draperie*, et s'avançaient ensuite dans la plaine qu'elles contournaient pour aller rejoindre le quartier de la Draperie, près du Lavacrum. A en juger par ce qu'il en reste, le circuit des anciennes murailles avait environ deux mille cinq cents toises.

« C'est mon père qui m'a fait remarquer cela. Bah! il est entré dans bien d'autres explications très-érudites sur les antiquités de cette ville ; elles ne m'ont point ennuyé sans doute ( eh ! de la part de mon père tout n'a-t-il pas de l'intérêt pour moi ! ) ; mais je te les passerai sous silence, parce que j'ai bien d'autres choses à te dire.

« Il faut, avant tout, que je t'esquisse les traits et le caractère de toutes les personnes dont je suis entouré ici, en commençant par mon bon père et ma tendre mère, ces êtres si chers, si précieux pour moi, et qui m'accablent des preuves de leur tendresse.

« M. Berny, mon père, peut avoir quarante à quarante-deux ans; il est jeune encore, comme tu vois. C'est un grand bel homme, brun, œil noir, qui a la douceur et la bonté peintes sur tous ses traits. Il est très-instruit, mon père; mais son instruction n'a point la sécheresse, l'ennui de certains de nos professeurs qui n'en savent peut-être pas autant que lui. M. Berny parle peu, toujours à propos. Il est doux, affectueux, facile à s'attendrir, humain envers ses inférieurs, et généralement chéri de tous ses domestiques. Par exemple, il ne rit pas beaucoup, mon père. Son front est quelquefois chargé d'un nuage de mélancolie ; il soupire souvent, et paraît conserver le souvenir de quelques malheurs qui ont dû bien l'affliger autrefois. Il me les dira ; oh ! il me les dira sans doute un jour, et je te les raconterai aussitôt. M. Berny travaille une partie de la journée dans son cabinet ; mais il ne s'y enferme pas. Sa porte est ouverte à sa femme, à son fils ; et chaque fois que nous y entrons, il nous sourit avec tendresse et nous embrasse toujours. Il ne s'occupe là qu'à lire, à faire des recherches, à s'instruire en un mot comme s'il ne savait rien. Ce qui prouve, Amédée, qu'à tout âge l'homme a de quoi apprendre, et que la vie ne suffit pas pour être généralement instruit sur tout. Tels sont, mon Amédée, les seuls plaisirs de mon père ; la lecture, la promenade, la pêche et la chasse. Il m'a déjà fait tirer deux coups de fusil ; oh ! j'ai eu bien peur, vas ! mais je sens que je me ferai à cet exercice, aussi agréable que salutaire. Passons à maman.

« Quel âge peut-elle avoir, maman ? A la voir, on ne lui donnerait pas vingt-cinq ans ; mais à en juger par certains rapprochemens, elle peut bien en avoir trente-deux à trente-quatre. Oh ! quelle belle femme ! Sans avoir trop d'embonpoint, quelles formes pleines, arrondies ! grande, bien faite avec cela ; ses traits sont charmans. Elle a, ce qui est gentil tout-à-fait, une petite fossette à chaque coin de la bouche, et quand elle rit, tout cela forme un ensemble si gracieux qu'on ne peut s'empêcher de l'admirer; mais, hélas! elle ne rit pas souvent non plus. Tiens, ces deux gens-là ont eu bien des chagrins! Ma mère a l'air d'avoir un grand caractère. Elle sait prendre vîte un parti. Elle a un ordre admirable, et l'intérieur de notre maison est tenu avec un soin, une activité, une vigilance, et si je puis le dire, une prestesse extrême; c'est te dire que tout s'y fait vîte et bien. Ces deux époux ne s'aiment pas, Amédée, ils s'adorent! toujours se parlant, se consolant, se prodiguant les plus doux embrassemens; on dirait de deux amans. C'est un mariage d'inclination qu'ils ont contracté, et dont je suis l'unique fruit; je sais cela, quelqu'un me l'a dit; et, patience! je découvrirai bien d'autres petits secrets, que tu sauras comme de raison. Quoique mariés comme cela, ils ont de la fortune néanmoins, chacun de leur côté. Ils peuvent bien avoir dix à douze mille livres de rente; et, dans la province, c'est beaucoup.

« Tu me pardonnes si je t'ai parlé si longuement des êtres respectables à qui je dois la naissance et le bonheur; c'est qu'ils sont si intéressans, si généralement aimés, estimés; c'est qu'ils me chérissent tant!.... Ils sont d'un caractère un peu sombre; voilà tout leur côté faible.

« Les autres personnages de la maison sont de vrais originaux; mais avant de te les peindre, permets-moi de te parler de quelqu'un que j'aime bien encore; oh mais que j'aime beaucoup, beaucoup, extrêmement. Tu devines que c'est ma petite cousine, Aloyse Duverceil. Duverceil est le nom de demoiselle de ma mère. Elle avait un frère, qui est mort ainsi que sa femme, après avoir donné le jour à la si jolie Aloyse, dont soudain mes parens ont pris soin. C'est bien, n'est-ce pas; mais ils sont comme cela mes parens; ils n'ont rien à eux. Je t'en donnerai une nouvelle preuve en t'apprenant bientôt ce qu'ils font dans ce moment pour un certain oncle, M. Dabin, qui est bien le plus drôle de corps!... Revenons à ma cousine. Aloyse a trois ans de moins que moi; mais elle a plus d'esprit et plus de raison; oh oui, j'en conviens. Quoique vive et gaie, c'est étonnant comme ses raisonnemens sont justes, comme elle a

du jugement au-dessus de son âge;
et puis c'est la plus jolie mine, le
plus bel œil, le plus charmant sourire! Quand cette enfant-là sera formée, ce sera la plus aimable femme!
elle sera la mienne; oui, je l'épou-
serai. Je l'ai dit à Asselino, à mon
père, à ma mère, à mon Aloyse
elle-même.... Eh bien! tu ne sais
pas, tous ces gens-là se mettent à
rire; il semble qu'ils se moquent
de moi; mais c'est décidé, je n'aurai point d'autre épouse; c'est dans
ma tête et dans mon cœur. Comme
elle m'aime aussi, cette chère
Aloyse! Malgré la faiblesse de son
âge, elle seconde déjà ma mère
dans les soins domestiques. Aussi,
le soir, le matin, à toute heure du
jour, elle est à me dire: mon cousin Jules, as-tu besoin de quelque

chose ? ne te manque-t-il rien chez toi, mon cousin Jules ?....

« Et le cousin Jules l'embrasse, la remercie, comme tu penses bien, de cette si obligeante sollicitude. Oh! qu'elle est aimable, Amédée; qu'elle est aimable! Tu l'as vue il y a six ans; tu t'en souviens; elle était déjà bien, n'est-ce pas? Mais c'était une enfant; au lieu qu'à présent, c'est presque une grande personne.

« Si je m'en croyais, je ne te parlerais que d'elle; mais j'ai d'autres portraits à te tracer. Tu connais Asselino, ce vieux domestique qui est venu plusieurs fois au collége, qui payait ma pension, qui m'en a retiré en un mot; il a plus de la soixantaine. C'est un brave et honnête homme, sans doute; mais il est très-ennuyeux avec ses sermons et ses soupirs continuels. Passons.

« Il est bien le digne camarade de la femme de charge, gouvernante, espèce de factotum dans la maison. C'est une demoiselle qui approche, je crois, de la cinquantaine, et qui porte un nom bien digne de la gravité de ses traits, de toute sa personne ; elle s'appelle mademoiselle Prudence..... Mademoiselle Prudence! tu ris de ce nom singulier? c'est le sien, et je te réponds qu'elle le justifie en tout point. Figure-toi une fille longue, sèche, maigre et roide comme un bâton ; de grands traits, un œil brun et dur, un sourcil noir et une démarche aussi lente que guindée ; ne parlant que par syllabes, ne faisant rien qu'avec une pesanteur insoutenable ; telle est mademoiselle Prudence ! Jamais les ris badins n'ont folâtré sur cette figure sévère. Jamais le moindre mot agréable n'est sorti de cette bouche discrète ; et si elle s'effarouche des Amours, les Amours le lui rendent bien. Elle me témoigne de l'intérêt ; mais elle ne me plaît point du tout, mademoiselle Prudence. Du reste, c'est un sujet probe, fidèle, attaché ; et depuis vingt ans qu'elle est au service de mes parens, à l'époque de leur mariage, on dit qu'ils n'ont eu lieu que de s'en louer.

« A votre tour, mon cher oncle Dabin. Oh ! c'est bien le plus bizarre de tous les personnages qui sont à la maison ! L'oncle de ma mère, et par conséquent le mien, monsieur Pierre Dabin, compte plus de soixante ans. C'est un grand homme sec, basané, qui paraît avoir essuyé beaucoup de fatigues dans le cours de sa vie. Cela n'est pas étonnant, il était militaire. Mais je te le désigne; tu l'as vu. Rappelle-toi que tu l'as vu il y a six ans; il était avec mon père et ma mère lorsqu'ils sont venus me voir au collége. Il m'a visité seul plusieurs fois depuis, et tu as dû le remarquer. Je passerai donc sur son physique; mais ce que tu ne connais pas, c'est son caractère, qui est des plus singuliers. Le matin, c'est un homme plein de raison, de sens et même de bonté. Il pousse la franchise jusqu'à la rudesse. Il vous dit tout ce qu'il pense, tout ce qu'il a sur le cœur; et il se mettrait, comme on dit, dans le feu pour obliger ses amis. Le soir, ce n'est plus cela. Comme il boit largement, très-largement même à dîner, il devient querelleur, entêté, bavard à l'excès ; il n'y a plus que pour lui à parler, et il est impossible de lui faire entendre raison. Alors, il n'est pas aussi serviable ; il ne vous écoute pas ; il vous enverrait au diable si vous lui demandiez le plus léger service. Il ne parle que de l'art militaire, de ses batailles et des injustices qu'il a éprouvées de la part du gouvernement. Il vous répète jusqu'à satiété le récit de toutes les démarches qu'il a faites infructueusement pour obtenir la juste récompense de ses travaux. Comment ; mais tu ne sais pas ! il fait des vers, des vers détestables, et qu'il veut qu'on trouve bons. Je vais te donner un échantillon de sa poésie. Avant-hier, à table, à la fin du dîner, il commençait à s'échauffer un peu. Morbleu! s'écria-t-il, n'est-il pas piquant de voir un homme comme moi presque à la charge de ses parens!

« Mon père relève avec délicatesse cette expression; il lui fait sentir qu'elle n'est pas convenable. Monsieur Pierre Dabin persiste. Oui, continue-t-il, c'est comme cela, et j'en rougis; mais est-ce à moi à rougir! n'est-ce pas plutôt aux ingrats que j'ai en vain sollicités pour obtenir une plus forte pension! J'ai employé tous les moyens. Dernièrement encore je me suis avisé d'adresser au ministre de la guerre un tableau de ma situation, des injustices que j'ai éprouvées, et je terminai ce tableau par quatre vers.

« Je l'interromps : des vers, mon oncle ? oh! dites-nous les donc ? — Oui, Monsieur, des vers. Voyez ce petit bonhomme ; il sourit, comme si l'on n'était pas en état de faire des vers tout aussi bien que lui ! — Je ne dis pas cela, mon oncle ; mais ces vers ? — Les voici. Après l'exposé de mes malheurs, j'écrivais à ce ministre :

Tel fut pourtant le destin
D'un vieux dragon de Dauphin !...
Pour le certain,
C'est qu'on a promis à Dabin
Plus de beurre que de pain.

*Plus de beurre que de pain !* que dis-tu de cette chute, Amédée ? Voilà une belle image, et poétique, hein ? Ce vieux dragon *de Dau-*

*phin*, à qui on a promis *plus de beurre que de pain* !... Tu ris, Amédée et tu devines que je ne pus m'empêcher de faire comme toi. Il s'en aperçut, se fâcha presque ; et mon père, ainsi que ma mère, qui souriaient aussi de leur côté, me firent des signes d'yeux pour m'engager à retenir l'excès de mon admiration. Il me bouda toute la soirée, et moi j'en eu pour vingt-quatre heures à rire en pensant seulement aux vers du vieux dragon de Dauphin.

« Je suis fâché de juger mon oncle avec cette rigueur ; mais aussi c'est sa faute. Rappelle-toi cette maxime que nous débitait souvent M. Aubry, notre bon professeur de sixième, quand nous lui reprochions, en plaisantant, son extrême gravité: Messieurs, Messieurs, nous disait-il, j'ai une règle de conduite qui me guide et que je ne cesse de répéter aux pères de famille; ne nous écartons jamais, avec et devant l'enfance, de ces principes, de cette tenue, de ces formes respectables qui tiennent à l'âge mûr, à l'état, au degré d'élévation de supérieurs dignes d'estime;... car nos enfans ne remarquent que trop nos ridicules; ils deviennent des hommes, et finissent par nous juger avec plus de sévérité souvent que des étrangers.

« Il avait bien raison, M. Aubry ! et à présent que je suis un homme, je ne puis m'empêcher d'examiner ceux qui m'environnent, et de les trouver indiscrets lorsqu'ils s'écartent devant moi de cette tenue que leur prescrivent leur âge et leurs titres à mon respect. C'est ainsi que, tous les soirs, mon oncle Dabin, ce poëte si fameux, ne me paraît être autre chose qu'un ivrogne, parce qu'il boit trop, que son teint s'allume, et qu'il ne sait plus ce qu'il dit.

« Nous avons chez nous un jeune couple plus intéressant que cela ; c'est Rose et Jacques Niquet. Rose est la fille de la mère Andrée, la femme de basse-cour. On m'a raconté que la mère Andrée, qui n'a jamais été propre, aimable, ni jolie, fermière autrefois, s'était remariée, à quarante-trois ans, avec son garçon de ferme qui n'en avait que vingt. Rose est le fruit de ce second mariage, qui n'a pas duré long-tems ; car la mère Andrée est devenue veuve encore une fois ? tombée dans la misère, elle est entrée avec sa fille chez mon père ; et la mère Andrée est aujourd'hui une petite vieille toute voûtée, bien rechignée, qui a soin des volailles et des vaches. Sa fille, au contraire, est jolie comme un ange, mais simple et naïve à l'excès. Cela a quatorze ans, une figure ravissante, de grands yeux bleus, et un air de candeur, ah !... elle aime cependant ; oui, elle aime déjà, et c'est un rustaut à qui elle a donné son cœur. Ce rustaut s'appelle Jacques Niquet ; c'est le fils d'un bon auvergnat, jardinier du Paradis. Il vous a ses dix-huit ans, et on lui en donnerait vingt-cinq, tant il est grand et fort. C'est niais aussi à faire plaisir ! Mais, tout borné qu'il est, il n'a pu voir indifféremment Rose, la toute jolie, et cela pourra faire par la suite un mariage convenable. Je crois même que telle est l'intention de mes parens ; car ils ne cherchent qu'à faire des heureux.

« Maintenant tu connais tous les habitans du Paradis, y compris mon oncle Dabin avec son *beurre* et son *pain*. Je t'ai mis au fait de toutes les personnes qui me prodiguent leurs soins et leur tendresse. En parlant de cela, je viens d'avoir une preuve bien touchante de cette tendresse qu'on m'a vouée généralement ici. C'était hier ma fête, oui, le 19 août, la St. Jules. Si tu avais vu les bouquets que les chevriers, les chevrières et tous les gens de la maison m'ont donnés ! Il y a eu bal, oui bal, exprès pour moi ; c'est-à-dire qu'on a dansé dans une salle de verdure du jardin que mon père et ma mère ont eu la bonté de faire illuminer. Les pastourelles, les montagnards, vêtus en costume provençal, formaient un coup-d'œil charmant, et j'étais le but de cette réunion ! Juge combien je dus jouir ! Combien de fois aussi ai-je embrassé M. et M.$^{me}$ Berny ! Ces bons cœurs me le rendaient bien, et ne cessaient de me répéter : Vois, Jules, vois quel est le bonheur qu'un fils qui se conduit bien, goûte sous le toit paternel ! Sois bon, sois docile, sois vertueux, mon cher Jules, et cette félicité sera durable....

« Je le leur promettais, Amédée, je leur jurais en pleurant de joie, de toujours suivre leurs sages conseils, de leur soumettre jusqu'aux moindres actions de ma vie! et je tiendrai ma parole. Oh! Amédée, que je serais ingrat si jamais je causais du chagrin à cette tendre mère, à cet excellent père! Me punisse le ciel si je romps ce serment sacré!... Aussi, le carré de terre qu'on m'a donné pour m'amuser à bêcher, n'est plein que de fleurs. Quand elles auront poussé, tous les matins j'en porterai un bouquet à ma mère, et cet hommage de la nature lui fera plaisir, j'en suis sûr.

« On m'a tracé un plan d'occupations que je suivrai à la lettre. C'est d'abord de ne jamais sortir, même pour me promener, sans mon père, ou ma mère, ou Asselino. J'ignore la raison de cet ordre; mais on ne veut pas que je fasse des connaissances, d'autres amis que ceux de la maison, excepté toi ; quand tu seras ici, oh ! mon père m'a déjà dit qu'il me permettrait de suivre notre liaison, qui a commencé avec tant de charmes dès nos premières années.

« Et puis je travaille dans le cabinet de mon père, avec lui ou seul. Nous traduisons des auteurs ; car mon père m'apprend l'anglais et l'italien, deux langues que j'aime à la folie. Nous faisons des remarques sur l'histoire, sur la morale, ou bien nous nous amusons à des expériences de physique. Nous avons tous les instrumens nécessaires pour cela. Tu sens bien que, depuis huit jours, je n'ai pas encore pu faire beaucoup de choses; mais tels sont nos projets pour l'avenir.

Mon père m'a averti qu'il ne me quitterait pas d'une minute. Il veut que je sois son meilleur ami. Oh! Amédée, qu'il me sera doux d'obéir à un pareil ordre!.... Quand je pense à sa bonté, à celle de ma mère, des larmes d'attendrissement coulent de mes yeux. Elles baignent ce papier,... en voilà deux ou trois qui tombent sur cette lettre;... elle est déjà trop longue.... Je la termine, Amédée, en te disant que je t'aime toujours et pour la vie. »

JULES BERNY.

## IV.

*Entré par hasard dans ce champ funèbre, je m'étais assis sur cette pierre sepulcrale, et je me disais : Consolons, soulageons nos semblables ; soyons bons et vertueux, car bientôt, couchés pour jamais sous ce sol, il ne nous sera plus possible de faire le bien !*

Jules avait raison de vanter à son ami Dennecy la tendresse que ses parens avaient pour lui. Chaque jour, ils lui en donnaient de nouvelles preuves. On lui avait d'abord fait présent d'une montre d'or : ce cadeau fut bientôt suivi de mille autres en bijoux, en livres, en objets utiles pour son petit logement. M. et

M.^me Berny, enchantés de posséder un fils qui répondait si bien à leurs vœux, l'accablaient continuellement de caresses, de prévenances et de petits soins.

Que nous sommes heureux, se disaient ces tendres époux dans leur intérieur ! Le Ciel nous a donné un enfant doué de beaucoup d'esprit et de toutes les qualités du cœur. Il n'a contre lui que d'être un peu vif, et de tenir à ses opinions ; mais il est bon, confiant, sensible, peut-être trop sensible !.... Il est laborieux, docile ; il nous chérit.... Il fera un homme, un homme accompli ; car il a avec cela la plus jolie petite figure ! C'est réunir le physique au moral. Quel que soit l'anonyme qui, dès le lendemain de l'arrivée de Jules, a voulu troubler notre sérénité, s'il était ici, s'il voyait les heureuses dispositions que développe ce cher fils, il ne nous dirait plus, d'un ton emphatique, *de veiller sur lui, de redouter ses moindres erreurs !* En vérité, c'est alarmer bien gratuitement des parens sur un sujet dont le cœur et l'esprit ne laissent rien à désirer ! Il n'écrit plus cet anonyme, et il fait bien. Notre Jules ne lui donnera jamais des motifs pour renouveler ses indiscrets avis.

Ainsi raisonnaient M. et M.$^{me}$ Berny, et Jules justifiait de jour en jour la confiance qu'ils avaient en lui. Il était si obligeant, si communicatif, que tous les domestiques de la maison le chérissaient autant que ses parens. Mademoiselle Prudence elle-même ne le traitait pas avec cette froideur qui faisait la base de son caractère, et qu'elle employait envers ses maîtres eux-mêmes. Il y a plus; Jules était le seul qui trouvât le moyen de dérider le front sévère de cette fille, de la faire sourire quelquefois par de petits contes ou de légères plaisanteries.

Jules était l'ame de tout dans la maison. S'il s'élevait des querelles parmi les domestiques, il les calmait, les appaisait; et chacun le bénissait comme un ami, un pacificateur. Il alla même un jour jusqu'à réconcilier deux amans brouillés. Voici le fait :

Les paysans des environs avaient l'habitude, tous les dimanches et fêtes, de se réunir sous un quinconce en face de la maison de M. Berny. Là, les vieillards s'amusaient à divers jeux, et les jeunes gens dansaient. Rose ne manquait jamais de s'y trouver avec son amoureux, Jacques, qui ne dansait qu'avec elle, et ne la quittait pas un moment de vue. Il arriva qu'un dimanche Jacques fut retenu au lit par une indisposition. Rose, qui n'aurait pas perdu un jour de danse pour un million, alla avec sa mère se réunir aux autres pastourelles. Il faisait très-chaud ; Rose, qui avait déjà beaucoup dansé, se trouvant invitée encore une fois, dénoua son petit chapeau de paille, et le mit à côté de sa mère. Pendant la contredanse, la mère Andrée, occupée à babiller avec des vieilles femmes de sa connaissance, ne s'aperçut pas qu'un enfant, jouant autour d'elle, avait détaché le ruban du chapeau de sa fille, et l'avait emporté. Quand Rose revint, elle remarqua ce larcin, et en témoigna tant de regret qu'un jeune chevrier qui avait un gros nœud de rubans à sa boutonnière, lui en offrit un. Rose l'accepta sans réflexion, le mit autour de la forme de son chapeau, et rentra bientôt accablée de fatigue.

Le lendemain, Jacques ayant recouvré la santé, entra chez la mère Andrée, qui était absente, et y trouva Rose, à qui il demanda si elle s'était bien amusée la veille. Ses yeux se portèrent sur le chapeau de paille qui était négligemment jeté sur un meuble... Jacques ne reconnaît plus le ruban qu'il a donné à son amie. Jacques pâlit, et lui dit avec humeur: Qu'est-ce que ce ruban-là, mam'zelle? —Jacques, j'te vas dire ; c'est que.... — C'est que, mam'zelle, c'est que.... vous ne m'aimez plus ! — Je ne t'aime plus, Jacques ; eh, qui t'a donc dit ça ? — Qui ? c'est ce ruban-là. — Ce ruban-là t'a parlé, et t'a fait un pareil mensonge ? — Sûrement qu'il m'a parlé ; eh tenez, ne l'entendez-vous pas en ce moment qu'il dit comme-ça qu'il vient d'un autre que moi, que vous avez jeté le mien par mépris, et que c'est lui et son maître que vous allais aimer dorénavant. — Oui-dà, de la jalousie ! T'es donc jaloux, Jacques ? — Je ne sis pas jaloux ; mais c'ruban, pourquoi qu'il me fait entendre tout-ça ? — Eh ben, quand ça s'rait, *ce tout-ça ?* sis-je pas ma maîtresse d'aimer qui me plaît, de n'pas aimer ceux qui sont injustes, soupçonneux et quinteux?— Là, vous en convenez. — Je convenons de tout ce que tu voudras; si tu prends ça pour toi, c'est que tu le mérites apparemment. — Ah, je mérite que vous me quittiez pour un autre ! Je m'en sis douté. Hier, à seul, pendant que vous dansiez, que vous vous amusiez comme une pardue, je m'disions : A présent, ill'rit, all'joue avec d'autres que moi. All'écoute la fleurette ; qui sait, all'est ptêtre ben benaise que je n'sois pas là, pour faire la belle avec M. Alain ou M. Jean Caquet...; Je ne m'trompais pas ; car c'ruban-là est justement de la couleur de ceux qui sont à la houlette de ce grand échalas d'Alain. Convenez-en ? — Ah, mon Dieu, t'as deviné tout juste. — J'ons deviné; eh ben, mam'zelle, n'en parlons pus. Figurez-vous que je ne vous ons jamais aimée. — Comme tu voudras. — Que j'nons jamais r'marqué comme vous êtes jolie. — Volontiers. — Oubliez que j'vous répétions ça toute la journée. — Je ne m'en souvenons déjà plus. — Qu'j'avions juré de vous aimer toute la vie. — A la bonne heure. — Que mon seul espoir était d'vous obtenir pour femme. — C'est entendu. — Qu'enfin j'aurions préféré mourir putôt que de renoncer à c'tespérance-là. — C'est ben convenu..... Mais, pisque t'es si décidé, pourquoi que tu pleures? — Je pleure.... Non, je ne pleure pas. J'vas trouver mon père Niquet, li conter tout-ça, et li dire : Mon père, charchais-moi une autre femme, je n'voulons pus de Rose. — T'es ben honnête ! — Vous n'voulais pas, mon père, que je li dirai, vous n'voulais pas qu'j'épouse une coquette, une volage. Laissons-la à Alain. Eh pis mon père me répètera : Laissons-la à son Alain. — Méchant ! Je ne te connaissions pas ce vilain caractère-là, vas ; mais, pisque tu le veux, Alain sera mon mari. — Eh ben, Nicette ou Berthie sera ma femme. — Oui, t'auras-là une ben aimable femme ! — T'auras aussi, toi, un fier mari ! — Que n'y vas-tu tout de suite, chez Berthie ? — C'est ben mon dessein. Adieu, mam'zelle. — Adieu monsieur. — Je vous enverrons Alain, n'est-ce pas, si je le rencontrons ? — Vous me ferez beaucoup de plaisir.

Jules rôdait par hasard près de la maison où cette scène se passait, et dont la porte était ouverte. Il entend qu'on se dispute ; il entre ; il s'informe du sujet de la discussion, qu'on lui rapporte comme on peut ; mais enfin il comprend qu'il y a un petit mouvement de jalousie d'un côté, et de l'autre de l'humeur et de la fierté. Voyons, dit Jules à Jacques, qui a pu te faire présumer que Rose ne t'aimait plus ?

Rose répond : il prétend que c'est c'ruban-là qui li a dit tout ça. — Ah, replique Jules en riant, ce ruban là a parlé ? C'est un menteur, je m'en empare, et je vais le punir de toutes ses calomnies en le noyant dans le canal.

Jules dénoue avec vivacité le ruban du chapeau ; les deux amans le regardent tout étonnés. A présent, continue Jules, à présent que Rose n'a plus de ruban, il faut lui en donner un. Jacques, va chercher la houlette. — J'y cours, not'jeune maître.

Jacques va et revient comme le vent. Jules détache de la houlette un ruban à la couleur du jeune pâtre ; puis le donnant à Rose, il lui dit : Rose, celui-là te dira toujours la vérité, il t'est remis par l'amitié au nom de l'amour le plus tendre. Embrassez-vous, bons jeunes gens, vous vous aimez plus que jamais ; mais sur-tout, une autrefois, ne vous brouillez plus sans vous être bien expliqués, bien entendus d'avance.

La manière dont le premier ruban s'était égaré la veille, fut racontée par Rose ; les deux amans se demandèrent réciproquement pardon de leur humeur ; puis ils embrassèrent Jules, leur ingénieux médiateur. Cette petite anecdote, qui fut bientôt connue dans la maison, fit honneur au cœur ainsi qu'à l'esprit de notre jeune ami.

Asselino vint lui en faire son compliment; et voyant que le jeune homme avait envie d'aller se promener au-dehors, il lui proposa de l'accompagner. Comme cela entrait dans les vues de M. Berny, qui désirait que son fils ne sortît jamais seul, Jules accepta et tous deux sortirent. Tout en marchant et en causant, ils firent ensemble beaucoup plus de chemin qu'ils ne le voulaient. Le soleil commençait à chercher un autre horizon ; il ne lançait plus ses faibles rayons qu'à travers des nuages de pourpre, et de hautes montagnes cachaient déjà les trois quarts de son disque. — Il est bien tard, dit Asselino ; vous m'avez occupé, et je crois que nous nous sommes égarés. — Egarés ? allons donc, tu te moques ; est-ce que tu peux t'égarer dans cette contrée que tu dois savoir par cœur ? — Mais il est des chemins..... Ah, je me reconnais, nous voilà au cimetière de St.-Cyprien. — Un cimetière, voyons-le donc, Asselino ; entrons y donc ? — Est-ce que vous êtes bien curieux de voir un cimetière ? je conçois cela, vous entrez dans la vie ; mais pour moi, qui suis prêt d'en sortir !... cette vue n'est pas très-gaie. — J'ai tort en effet, Asselino, n'y entrons pas ; je serais bien fâché de désirer quelque chose qui pût t'affliger. — Oh, j'ai l'esprit fort ; eh puis c'est notre chemin de le traverser. Nous prendrons, au bout, un petit sentier qui nous mettra plutôt sur la route du Paradis.

Jules et Asselino étaient à peine dans ce séjour lugubre de la mort, qu'en jetant les yeux de tous côtés, ils aperçurent à terre quelque objet qui faisait de grands mouvemens. Le jour étant assez bas pour qu'on eût de la peine à distinguer au loin, Jules allait passer outre; mais Asselino le retint par le bras. Voyez-vous, mon ami, là bas?... Qui peut s'agiter ainsi dans cet endroit solitaire où nous avons seuls pénétré? — Ah mon dieu, Asselino, tu me fais peur ! — Peur ! seriez-vous assez faible pour craindre de prétendus revenans ? — Non..... mais en effet, qu'est-ce que cela peut-être ? on soupire.... n'entends-tu pas des gémissemens plaintifs ? — Je les entends. — Si c'était quelque mort qui ne fût pas mort ? — Vous voulez dire un malheureux qu'on aurait enterré dans un état de léthargie ? — Oui. — Cela s'est vu quelquefois ; volons à son secours. — Oh, vas-y, mon bon Asselino... moi !... — Allons donc, de la timidité ? n'êtes-vous pas un homme ? eh puis, avec moi. — Avec toi.... c'est bien dit... cependant... — Et s'il y a du danger à courir, vous me laisserez donc seul m'y exposer ? — Ce mot me décide ; je te suivrai par-tout. — Bien, mon ami, bien. Voyons ce que c'est, et si nos secours peuvent être utiles à quelqu'infortuné... — Nous les lui prodiguerons. Il y a mieux ; s'il est trop faible pour se soutenir, nous le porterons, oh, je suis fort ; et papa, qui aime à obliger, le recevra, le fera mettre dans un bon lit; j'irai chercher le médecin, je passerai les nuits s'il le faut, et... — Oui, oui, c'est ce que nous verrons.

La sensibilité de la jeunesse va toujours au-delà des bornes. Jules en donnait une preuve en formant d'avance tous ces projets. Il ne cédait plus à une terreur puérile ; il ne marchait pas, il volait, et plus on approchait, plus les gémissemens devenaient distincts. Asselino et son ami virent bientôt un vieillard étendu par terre, et sur lequel plusieurs grosses pierres d'un vieux tombeau semblaient avoir roulé ! secourez-moi, disait ce vieillard d'une voix plaintive.... mon âge, mes infirmités... je n'ai pas la force de me relever.

Asselino et Jules lui rendent à l'instant ce service, et voient aussitôt un patriarche à longue barbe blanche, dans l'état le plus touchant de la décrépitude et de la misère. Mille graces, messieurs, dit l'inconnu d'une voix faible et cassée, la chute de cette tombe a pensé m'écraser, et sans vous j'eusse été forcé de passer la nuit sur cette froide argile qui devrait depuis longtems couvrir mon débile individu. — Et que faisiez-vous là, bon vieillard, lui demande Jules ? — J'y réfléchissais, j'y méditais sur les va-

-nités de ce monde, en un mot j'interrogeais ici les mânes de ceux qui ont vécu. — Vous n'étiez pas debout, ni étendu sur la terre comme nous venons de vous trouver? — Non, sans doute. Entré par hasard dans ce champ funèbre, je m'étais assis sur cette pierre sepulcrale, et je me disais : Consolons, soulageons nos semblables; soyons bons et vertueux; car bientôt, couchés sous ce sol, il ne nous sera plus possible de faire le bien... Soudain une sombre mélancolie s'empare de mes sens; mes yeux errent çà et là, ils percent les couches de cette terre éloquente; ils découvrent les froides reliques de ses silencieux habitans. Leurs ombres semblent se dresser devant moi, et me faire un aveu sincère de leur état dans ce monde, des passions qui les y ont agités autrefois, des erreurs qu'ils y ont commises. Nouveau Minos, je croyais tenir la balance à la main, je pesais, je jugeais tous ces pâles humains.... Un mouvement que j'ai fait apparemment a fait jaillir une pierre de cette tombe antique, et ses ruines m'ont soudain abattu. La surprise, l'effroi, la terreur, tout a glacé mes sens, et je désespérais de rencontrer, dans ce lieu isolé, quelque voyageur secourable, lorsque vous ayant aperçus de loin, j'ai pris la liberté de vous appeler. —Vous avez fort bien fait, réplique Jules ; mais n'êtes-vous pas blessé ? — Non, je ne le suis point ; j'ai eu, dans tout cela, plus de peur, oh, beaucoup plus de peur que de mal.

L'inconnu regarde avec intérêt le jeune Jules ; puis s'adressant à Asselino, il ajoute : brave homme, quel bon cœur possède votre fils !

— Il n'est point mon fils, répond Asselino ; mais je l'aime autant que son père. — Il n'est point votre fils ? heureux l'homme qui a donné le jour à un aussi intéréssant enfant ! permettez, mon jeune ami, que je vous embrasse, et que je vous félicite de votre humanité, de toutes vos précieuses qualités ; car lorsqu'on a celle-là, on doit réunir toutes les autres.

L'inconnu prodigue à Jules les plus tendres caresses. Jules est touché jusqu'aux larmes ; il adresse quelques questions au vieillard : vous demeurez donc près d'ici ? — Je n'ai point d'autre asile que celui qui m'est offert, chaque soir, par une dame sensible. — Venez chez mon père, puisque c'est comme cela. Il vous accueillera bien, il soulage tous les malheureux. — Votre père!.... ah! je n'en doute point, s'il vous ressemble. Mais je ne puis accepter votre offre; je suis si fatigué, et une bonne femme qui loge près d'ici m'a promis l'hospitalité pour cette nuit. — C'est bien dommage, je vous aurais plutôt cédé mon lit. — Charmant enfant!... comme il me contemple! — J'admire vos traits; ils sont bien vénérables!... Est-ce que, dans un âge aussi avancé, il ne vous reste rien pour subsister? — Rien que la pitié des ames sensibles. — J'en suis fâché; vraiment, un peu fâché. — Pourquoi cela? — C'est que...

j'ai toujours entendu dire, et je crois fermement que l'homme qui n'a pas su amasser la plus légère ressource pour sa vieillesse, a eu des torts dans sa conduite, et je serais bien désolé de penser cela d'un homme aussi respectable que vous paraissez l'être. — Je n'ai rien à me reprocher, mon ami.... Cependant, si telle est votre opinion sur la vieillesse indigente, vous ne devez pas être bien disposé à la secourir. — Au contraire, je la soulage toujours. Eh! faut-il assujétir la bienfaisance à des opinions, à des froids calculs! L'homme qui souffre, quels qu'en soient les motifs, souffre; il ne m'est pas permis de le juger, mais de l'obliger. Tenez, bon vieillard, acceptez ma bourse. — Votre bourse! — Oui, telle qu'elle est. Il y a deux louis et plus dedans ; ce sont mes épargnes ; eh ! puis-je jamais en faire un plus noble usage !

L'inconnu paraît se livrer à un transport d'admiration, de joie même qu'il est facile de remarquer. Il accepte la bourse de notre jeune ami ; puis, le prenant dans ses bras et le serrant contre son cœur, il s'écrie : ô Jules !... — Jules ! vous prononcez mon nom ! comment savez-vous mon nom ?

L'inconnu reste interdit, comme un homme qui vient de se trahir, et il balbutie : ce Monsieur, qui vous accompagne..... il vient de le prononcer.

C'est vrai, dit Asselino, je vous ai nommé, mon cher maître ; il faut que ce mendiant ait une bonne mémoire ! — Je n'avais pas remarqué cela, réplique Jules; au surplus; puisque tu le dis, Asselino, il faut que cela soit. Eh bien, bon vieillard, vous disiez donc : ô Jules!....

— Je vous louais, mon ami, de votre esprit, de votre jugement, et sur-tout de l'extrême bonté de votre cœur. Vous possédez là des qualités, des vertus bien rares. Continuez, mon cher Jules, soyez docile aux avis de ceux qui vous veulent du bien. Suivez toujours la voie de l'honneur, celle de l'humanité; soyez bon, vertueux, et.... le ciel m'inspire en ce moment; il agrandit quelquefois la prévoyance des vieillards.... Je vous prédis qu'un jour vous serez heureux.... bien heureux.... plus que vous ni vos parens ne vous y attendez sans doute. Grand Dieu! fais que ma prophétie s'accomplisse, et que ce jeune homme, si bon, si doux jusqu'à présent, mérite un jour le sort qui lui est réservé!... Adieu, adieu, mes amis.

Le vieillard s'éloigne à la hâte; et laisse Jules pétrifié d'une prédiction à laquelle il ne comprend rien. Asselino en paraît aussi fort étonné. Que veut donc dire ce respectable vieillard, lui demande Jules? — Mon ami, vous m'en voyez tout aussi surpris que vous. Je ne conçois rien non plus, moi, à cette espèce d'oracle. Il est possible que Dieu accorde à la vieillesse sage et éclairée, le don de la divination, et que vous soyez appelé un jour à de hautes destinées..... Au surplus, que cet homme soit un inspiré ou un extravagant, suivez toujours ses avis, mon cher maître; ils ne peuvent que vous mener dans la route du bonheur.

Et nos deux voyageurs revinrent au Paradis, en s'entretenant de cette étrange aventure.

## V.

Quelle obscurité règne dans certains événemens ; et qu'il est difficile à parcourir le chemin de la vie ! A mesure que nous y avançons, il nous est possible de voir, en nous retournant, la trace que nous y avons laissée ; mais, en face, un voile épais nous précède, nous cache les objets, et marche devant nous à chaque pas que nous faisons, jusqu'à ce qu'il tombe... devant la Mort, qui nous attend au bout de cette route pénible.

Vous vous êtes bien fait attendre, mon fils, dit madame Berny à Jules avec une espèce d'humeur. Vous saviez pourtant que notre intention est de nous retirer de bonne heure, ce soir, afin d'être prêts, demain

matin, de grand matin, pour la cérémonie. — Quelle cérémonie, maman ? — Voilà mon étourdi ; il a déjà oublié que c'est demain que sa petite cousine Aloyse fait sa première communion. — Ah ! c'est vrai. Voyez quelle mémoire j'ai.
— Et nous attendons, depuis une heure, monsieur Jules pour qu'il soit témoin du baiser paternel que nous allons donner à notre petite sainte. — Je suis bien fâché, maman, de vous avoir fait attendre ; c'est que, Asselino et moi, nous avons fait une rencontre assez singulière et qui nous a retardés. — Puis-je savoir ce que c'est ? — Sans doute, maman, je vous conterai cela, ainsi qu'à mon papa ; mais dans un autre moment. Occupons-nous de ma bonne cousine; où est-

elle donc, cette chère Aloyse? — Elle va descendre; on lui essaye des ajustemens neufs pour demain. C'est un beau jour que celui-là; tu le sais, Jules? — Oh! oui, maman, il est passé pour moi; mais je ne le regrette pas; il m'en a préparé d'autres bien plus fortunés, ceux que me procure le bonheur de vivre auprès de mon père et de ma mère. — Excellent enfant!

Elle l'embrasse.

M. Berny paraît. Ne grondez pas votre fils, mon ami, lui dit sa femme; il a été retardé par une rencontre, qu'il peut nous dire, puisqu'Aloyse n'est pas encore descendue.

Jules détaille à ses parens toutes les circonstances de sa conversation avec le mendiant; il n'oublie rien, et termine son récit en disant: ce qu'il y a de plus singulier, mon père, c'est que je suis sûr que cet homme-là savait mon nom. Asselino a prétendu qu'il venait de me nommer; mais moi, je n'en crois rien. J'ai de la mémoire, quoi qu'on en dise, et je gagerais bien que personne n'avait prononcé devant cet inconnu le nom de Jules, qu'il m'a donné à mon grand étonnement. — Voilà qui est bien bizarre, répond M. Berny! et cette prédiction qui se rapporte exactement avec les expressions contenues dans ce billet, que tu sais, ma femme! Fais venir Asselino.

Asselino est interrogé; il affirme toujours avoir nommé le fils de M. Berny de son nom de baptême; il proteste qu'il ne connaît nullement le mendiant, et qu'il l'a vu, comme Jules, pour la première fois. Asselino se retire ; Asselino est un homme croyable ; ainsi toutes les conjectures tombent devant son rapport. L'enfant ne se rappelle pas qu'il ait été nommé par son vieux serviteur, tel est l'avis de M. et de madame Berny ; et le mendiant leur paraît être un illuminé, une espèce de fou, qui, en reconnaissance du cadeau de Jules, l'a payé en prédictions, en langage prophétique. Cette aventure est donc des plus ordinaires, et l'inconnu n'a aucun rapport avec celui du billet anonyme. M. et madame Berny sont bien rassurés sur ce point.

Leur nièce descend, accompagnée par l'oncle Dabin, à qui l'on a promis *plus de beurre que de pain,* comme Jules nous l'a appris. Je vous présente, dit d'un air important l'oncle Dabin, mon frère et ma sœur, je vous présente une petite fille qui, pour se préparer à l'acte auguste qu'elle consommera demain, va prendre la liberté de demander la bénédiction paternelle à son oncle et à sa tante, ses véritables père et mère, puisque la mort l'a privée des siens. Allons, ma nièce, mettez-vous à genoux, et répétez mot pour mot ce que je vous ai appris là haut.

La jeune Aloyse, toute tremblante, se jette aux genoux de M. et madame Berny; puis elle leur dit d'un ton de voix très-ému : mon oncle, ma bonne tante, qui avez eu l'extrême générosité de remplacer près de moi les auteurs de mes jours, veuillez oublier les fautes que j'ai pu commettre, et daignez ajouter à vos bienfaits en bénissant votre fille adoptive.

M. Berny et son épouse posent leur main droite sur la tête de l'enfant, et M. Berny prononce ces mots à haute voix devant Jules et les domestiques de la maison, qui sont tous rassemblés autour d'Aloyse : Dieu, ma chère enfant, ne nous avait donné qu'un fils ; il eût suffi sans doute pour faire notre bonheur ; mais le Tout-Puissant, en appelant à lui votre père et votre mère, nous imposait la loi, cette loi si douce de la nature, de vous dédommager autant qu'il était possible de cette perte irréparable. On ne remplace point un père ni une mère, ma chère Aloyse ; mais on peut en remplir les devoirs; et c'est ce que nous nous sommes efforcés de faire jusqu'à présent. Sans vous rendre les dignes auteurs de votre existence, nous donnions, à nous une fille, à Jules une sœur. Que les mânes de votre père et de votre mère nous permettent donc d'user ici d'un droit qui leur eût appartenu. Que Dieu daigne, dans sa clémence, ratifier une bénédiction qu'il ne leur est pas permis de vous donner! Mais, que dis-je ! du sein des morts, ils ont les yeux sur nous, sur vous, ma fille; ils guident, ils maintiennent nos mains sur votre tête innocente; ils nous inspirent tous, et dictent à votre tante, ainsi qu'à moi, ces mots sacrés qui vont vous guider sans tache au temple de l'Eternel. Je vous bénis, ma fille, je vous bénis ! et je vous souhaite tout le bonheur réservé à la vertu, si vous ne vous rendez jamais indigne des graces dont l'Être suprême accompagne toujours la bénédiction paternelle.

Tout le monde verse des larmes à cette scène touchante. Les yeux seuls de monsieur et de madame Berny restent secs. On remarque que Jules pleure et sanglote plus haut que tous les autres. Madame Berny s'en inquiète, et tout en embrassant Aloyse, à qui son oncle a accordé la même faveur, cette bonne mére s'écrie : Qu'as-tu, Jules ? ta sensibilité ressemble à un véritable désespoir ! — Maman.... Maman....

Et il redouble. Parle, ajoute madame Berny ? — C'est que.... c'est que... — Eh bien ? — Il faut que je sois bien malheureux pour avoir été privé du même bonheur, de votre bénédiction, de celle de mon père, lorsque j'ai fait ma première communion ! — Tu étais alors loin de nous, mon fils, et... — Et vous n'avez pas pu me bénir. Cela influera sur le reste de ma vie. Oh, en grace, en grace (*il se jette à leurs pieds*), quoique je ne l'aie pas mérité comme ma cousine, veuillez me répéter, à moi et pour moi, ces paroles si touchantes que vous venez de lui adresser. — Mais, Jules.... — Je vous en supplie, mon père, ma tendre mère, et je ne quitte pas vos genoux que je n'aie obtenu cette grace !

Le jeune homme fondait en larmes. Monsieur et madame Berny se regardèrent, et cédèrent à ses instances. En conséquence, les deux époux, reportant leurs mains sur la tête de Jules, M. Berny répéta ces mots, suivant le vœu de Jules : *Je vous bénis, mon fils, je vous bénis ! et je vous souhaite tout le bonheur réservé à l'homme vertueux, si vous ne vous rendez jamais indigne des graces dont l'Être suprême accompagne toujours la bénédiction paternelle !* Oh, mon père, s'écrie Jules en se levant avec un transport de joie, ô ma mère ! je l'ai dit à Asselino, je le dirais au monde entier, tombe sur moi la foudre, si j'oublie ce moment délicieux, et la promesse que je vous fais de suivre toujours vos sages avis, de vous aimer, de vous respecter, d'être enfin le modèle des bons fils, et celui des honnêtes gens !

Asselino, plus ému que les autres domestiques, n'est pas maître de lui ; il s'élance vers Jules, le serre dans ses bras, et lui dit : Bien, bien, mon ami ! rappelez-vous, suivez toujours la loi que vous impose ce serment, et Dieu vous en récompensera.... Oui! Dieu vous en récompensera !

Il prononce ces derniers mots plus bas et en sanglotant. M. Berny, un peu étonné, lui adresse la parole : Que veux-tu dire, Asselino ? Est-ce que tu te mêles aussi de prédictions, comme cet autre fou de tantôt ?

Asselino qui s'est remis, est un peu troublé : Monsieur, répond-il.... je dis cela... c'est.... ce n'est pas étonfiant.... Je mets tant d'intérêt à vous, à votre cher fils.... Eh, n'est-ce pas vrai, que Dieu doit récompenser les bons enfans ? Tout le monde a un pressentiment de cela dans le cœur ; et je ne fais qu'expliquer les derniers mots de votre bénédiction paternelle ; voilà tout.

Il sort.

M. et M.$^{me}$ Berny attribuent cet élan d'enthousiasme à l'extrême attachement que cet excellent homme a pour eux, pour leur maison, et ils n'y font plus attention.

Tout le monde avait éprouvé une vive émotion. Une légère colation vint rafraîchir les sens de nos amis, qui rentrèrent ensuite dans leurs appartemens.

La matinée du lendemain fut employée à Orange, pour la cérémonie pieuse à laquelle on s'était préparé la veille. De retour au Paradis, M. Berny resta fort surpris de recevoir une lettre de la même écriture que le billet anonyme qui lui avait déjà causé tant d'inquiétudes. Il s'éloigna de sa famille, et seul avec sa femme dans le jardin, il lut cette lettre, dont voici les expressions :

« Berny ! le hasard m'a procuré
« le plaisir inestimable de voir ton
« fils, d'admirer la bonté de son
« cœur, la solidité de son jugement et tout son esprit. C'est un
« enfant charmant, qui fait briller
« les plus heureuses dispositions,
« qui promet en un mot. Je suis plus
« tranquille sur son sort à venir.
« Veille néanmoins, veille avec
« soin sur cette plante rare, belle

« à présent, mais que le souffle
« corrupteur du vice peut dessé-
« cher à jamais. Tu ne sais pas,
« tu ne devines pas de quelle im-
« portance il est qu'il reste bon,
« vertueux, tel que je le trouve,
« tel qu'il paraît destiné à rester. Je
« l'ai embrassé, je l'ai serré dans
« mes bras, cet intéressant jeune
« homme; et personne, ton Asse-
« lino le premier, ne se doute que
« je le connais.

« Berny, encore une fois, veille
« sur lui! Tu recevras rarement à
« l'avenir de semblables avis de ma
« part. C'est peut-être le dernier
« que je me permets de te donner.
« Je te répète que tu as un ami
« rare. Cherche à le découvrir,
« et suis aveuglément ses moindres
« conseils. Il y va de ton bonheur,

« puisque celui de ton fils y est
« attaché ! »

Cette lettre n'est pas plus signée que la première, s'écrie M. Berny ! Qui donc se permet de veiller sur mes actions, de les régler, de les diriger ? Ne suis-je pas le père de Jules ? Ne suis-je pas intéressé à ce qu'il soit honnête homme ? Quel est donc ce sort à venir dont on parle sans cesse en termes si obscurs ? Ce sort à venir, c'est notre héritage, Aura; je ne lui en connais point d'autre ; et puisque notre fortune nous a suffi pour nous, pour lui, en lui apprenant à borner ses vœux, comme nous nous en sommes fait la loi, il sera heureux. Ne semble-t-il pas qu'il soit destiné à des faveurs, à des grandeurs extraordinaires ! Qui donc a la faculté de l'y porter? J'ai beau chercher dans nos amis, nos connaissances, je ne vois personne, absolument personne qui puisse avoir dorénavant des relations avec nous, avec notre fils. Vous êtes orpheline, madame Berny, et vous n'avez plus d'autres parens que ce bon Dabin. Moi, je ne connais pas une ame sur la terre qui doive s'intéresser à moi, puisque je n'ai plus de père, et que la nature ne m'a donné ni frère, ni oncle, ni cousin. Isolé dans l'univers depuis la mort de mon père, auquel j'ai érigé un tombeau que j'arrose tous les jours de mes larmes, je ne me mêle des affaires de qui que ce soit, et qui que ce soit n'a le droit de se mêler des miennes.... J'avais bien besoin de ce germe d'inquiétudes ! La scène d'hier soir m'a ému toute la nuit. Je pensais au bonheur que mon fils et ta nièce avaient eu de recevoir la bénédiction d'un père, tandis que la malédiction du mien, à ses derniers momens, me poursuivra sans cesse.

M. Berny laisse échapper quelques larmes de ses yeux....

Il est interrompu par Jules, qui accourt en sautant, une lettre à la main. Venez donc, crie Jules de loin; venez donc, mon père et ma mère, voir le magnifique cadeau que je viens de recevoir ! — Un cadeau ! Et de qui ? — Je ne sais. Tenez, lisez.

Cette lettre est de la même écriture que celle que vient de lire M. Berny. Elle est adressée à Jules:

« Aimable et cher enfant (lui

« dit-on ), le vieux mendiant à qui
« vous avez ouvert hier si généreu-
« sement votre bourse, a trouvé
« depuis un trésor considérable.
« Vous ne reverrez plus ce vieillard
« que vous avez pénétré d'estime
« et d'affection ; il a quitté ce ma-
« tin ces climats ; mais, avant de
« s'éloigner de vous ; il vous sup-
« plie d'accepter la légère marque
« de sa reconnaissance qu'il vous
« envoie ; et puissiez-vous en faire
« usage, en méditant sans cesse sur
« les livres de morale que vous re-
« cevez de lui. Je vous répète ce
« que je vous ai dit en vous quit-
« tant au cimetière de St.-Cyprien.
« Jules !... *Soyez bon, vertueux, et*
« *un jour vous serez heureux.....*
« *bien heureux.... plus heureux*
« *que vous ni vos parens ne*

« *vous y attendez sans doute !*

« Adieu. C'est la première et der-
« nière lettre que vous recevrez
« d'un homme qui vous a voué le
« plus tendre attachement. »

Et ce cadeau, demande M. Berny
à son fils, qu'est-ce que c'est ?
— D'abord, quantité de livres ; puis
un étui de mathématiques com-
plet, des sphères, toutes sortes de
belles choses. On a remis la caisse
qui contient tout cela, ce matin,
à Niquet le jardinier, pendant que
nous étions tous à l'église. Je devinais bien, moi, que ce prétendu
mendiant me connaissait !

M. Berny se recueille, puis il
dit : Je n'y comprends rien. C'est
un mystère impénétrable. Nous
étions tranquilles, nous étions heureux, et voilà qu'un brouillon, un

fou sans doute, vient semer sur notre carrière les doutes, les soucis, les sollicitudes. Quelle obscurité règne dans certains événemens; et qu'il est difficile à parcourir le chemin de la vie! A mesure que nous y avançons, il nous est possible de voir, en nous retournant, la trace que nous y avons laissée; mais, en face, un voile épais nous précède, nous cache les objets, et marche devant nous à chaque pas que nous faisons, jusqu'à ce qu'il tombe devant la Mort, qui nous attend au bout de cette route pénible..... Mais allons visiter ce singulier présent qu'on fait à Jules, et interrogeons de nouveau Asselino. Il n'est pas possible que ce vieillard ne sache pas quelque chose des causes de cette aventure!

## VI.

> Tout périt. La fleur de la jeunesse peut se faner et mourir avant que le front chauve du vieillard soit courbé dans la tombe... Eh, quel père de famille peut se flatter que ses enfans lui fermeront les yeux !

Dans une caisse d'acajou, très-propre et même riche, on avait placé plus de cent volumes d'auteurs anciens ou nouveaux, dont les ouvrages ne roulaient que sur la morale, et sur-tout sur la manière de se conduire dans le monde. On y voyait quelques romans, mais du petit nombre de ceux qui sont extrêmement moraux. Les philosophes, les esprits forts étaient soigneusement écartés de cette collection, qu'un père n'aurait pas pu mieux choisir pour ses enfans, pour les demoiselles les plus sévèrement élevées. Eh puis, ainsi que Jules l'avait annoncé, on avait joint à cela des instrumens de mathématiques, des globes, des sphères et quelques menus bijoux analogues à l'âge de Jules.

Mais, dit madame Berny, Jules avait fort raison de trouver ce cadeau magnifique. Sur la caisse, il y a bien : *Pour M. Jules Berny, chez son père, au Paradis.* Comment donc cette caisse très-lourde a-t-elle été portée ici ?

Le jardinier Niquet qu'on avait fait venir, répondit que le matin, pendant que tout le monde était à Orange pour assister à la première communion de la jeune Aloyse, deux hommes, traînant une petite charrette à bras, s'étaient adressés à lui par sa porte de jardin, et lui avaient laissé cette caisse avec une lettre pour M. Jules Berny; ils s'étaient très-bien expliqués. De quelle part, avait demandé Niquet?—Son père sait ce que c'est.

Telle fut la réponse des deux porteurs. J'ons pensé, moi, ajouta Niquet, que c'était une surprise que notre maître faisait à son gas. Je savons que vous êtes si bon père, ainsi que madame Berny ! J'ons placé tout cela sous la remise, et, quand j'ons vu revenir not' jeune maître, j'l'ons appelé : Eh, eh, eh? M. Jules, v'là une lettre pour vous avec c'te grande malle. J' pensons que c'est de vot'papa qui vous donne ça ; n'me trahissais pas.... V'là comme j'li ons dit, à ce bon petit Jules, qui a été ben surpris, allais, quand il a eu déchiffré le grifonnage de la lettre.

Niquet n'en savait pas davantage. M. Berny le fit retirer, et ordonna qu'on lui amenât Asselino. Asselino avait déjà entendu parler de cette aventure dans la maison. Il parut devant son maître d'un air ferme et nullement décontenancé. Asselino, lui dit M. Berny avec bonté, tu es un vieux serviteur que j'aime, que j'estime. Tu as appartenu à mon père, qui faisait de toi le plus grand cas. A sa mort, tu as paru désirer d'entrer à mon service, et je me suis fait un plaisir en même tems qu'un devoir, de m'attacher un domestique dont la franchise et la probité étaient à toute épreuve. Depuis ce moment je n'ai eu que lieu de me louer de ton service, de ta fidélité intacte et de ton rare attachement. Cependant, il m'arrive aujourd'hui un événement singulier, bizarre, qui confond ma pénétration, mais qui ne doit pas être un mystère pour toi. Un particulier, inconnu de nous tous, puisqu'il ne se nomme point, m'a écrit deux lettres ; l'une dès l'arrivée de mon fils ici, l'autre aujourd'hui. Dans la première, il fait presque des menaces ; dans la seconde, il me donne des avis. Il écrit également à Jules, en lui envoyant de très-beaux présens que voici. Ce particulier est le même à qui mon fils donna hier sa bourse, et qui l'embrassa avec effusion, le nomma même, quoiqu'il soit certain que tu n'avais pas prononcé son nom devant ce faux mendiant. Tu le connais donc ? Comment as-tu conduit Jules dans le cimetière de St.-Cyprien ? Comment l'inconnu s'y est-il trouvé exprès, à point nommé, au moment juste où vous le traversiez ? C'est donc à dessein que tu as guidé là les pas de ton jeune compagnon de promenade ?

Monsieur, répond Asselino, quoique vous ayez la bonté de me regarder comme un homme probe et sincère, avant d'entendre ma réponse, veuillez interroger monsieur votre fils, et lui demander si ce n'est pas lui-même qui, en me racontant mille historiettes de son collége; a pris le chemin qui lui convenait? si je ne lui ai pas fait observer que nous nous égarions? si je ne l'ai pas engagé plusieurs fois, et même avec instances, à retourner sur ses pas ainsi que moi.

Cela est vrai, interrompt Jules ; oh, je dois l'affirmer dans mon ame et conscience.

Asselino continue : Puisque Jules était le maître de choisir le lieu de sa promenade, puisque je ne l'ai pas engagé à aller plutôt à gauche qu'à droite, il est donc clair que je ne cherchais point à guider ses pas vers un endroit quelconque. Le hasard nous a menés plus loin que nous ne le voulions, le hasard nous a conduits au cimetière de Saint-Cyprien que je n'ai reconnu, moi, que lorsque je m'en suis trouvé tout près. Le hasard seul a dû y faire rencontrer l'homme dont vous parlez. Il nous suivait peut-être de loin ; il aura profité de l'isolement de ce lieu pour exécuter un projet qui, je l'avoue, passe aussi ma pénétration. — Mais as-tu nommé Jules devant lui ? — Je le lui ai nommé, je vous le jure sur l'honneur [1].

Jules interrompt encore : Je ne m'en souviens pas, moi ; oh, par exemple, je jurerais que cela est faux.

M. Berny reprend son fils : Mon ami, ménagez, je vous prie, vos

---

[1] Le lecteur pénétrant pourrait ici prendre une mauvaise idée d'Asselino. Je le prie d'attendre pour juger mon vieux serviteur, qui est incapable de mentir.

expressions? dès l'instant que ce brave homme jure sur l'honneur, je vous proteste qu'il est digne de foi, et qu'il est très-malhonnête à vous de lui donner un démenti.

Jules rougit, se tait, et M. Berny s'adresse de nouveau au domestique : Si tu as nommé Jules, il est possible que cet homme ait suivi, entendu votre conversation, et qu'il ait joué le petit drame du tombeau tombé en ruines, pour vous attirer à lui, et... cependant je m'y perds. Quel pouvait être son motif ? Il est certain qu'il m'affirme dans sa lettre que tu ne le connais pas ; mais, si je le connaissais moins, je pourrais croire que vous vous entendez tous les deux pour me jouer je ne sais quel tour, et que pour arriver à ce but, les mensonges ne vous coûtent point. Rassure-toi, Asselino ? je vois que je t'afflige, et j'en suis fâché ; mais cette rencontre, qui semble vraiment arrangée, ton exclamation d'hier soir, quand tu as dit à Jules : *Dieu vous en récompensera*, et à deux reprises ! tu conviendras que tout cela est suspect. Au surplus, tu aurais bien tort de tourmenter ainsi un bon maître, qui a mis en toi toute sa confiance, et qui, s'il la voyait un jour trahie par toi, ne saurait plus à qui se fier sur la terre !

Asselino se jette, en fondant en larmes, aux pieds de M. Berny, qui le relève en lui tendant la main. Asselino s'écrie. Moi vous trahir, mon maître ! ah, croyez que tous mes vœux ne tendent qu'à votre

félicité et à celle de votre cher fils!
— Je le crois, mon ami, et dès l'instant que tu m'assures que cet étranger n'est nullement connu de...
— Nous le chercherons, si vous le voulez, monsieur ; Jules et moi nous nous mettrons à sa poursuite dans les campagnes, et, si je le trouve, morbleu, je vous l'amènerai, de force s'il le faut, pour qu'il me rende devant vous la justice que je mérite. — Cela serait inutile de toutes les manières ; car il nous avertit, par la lettre de Jules, que, ce matin même, il a quitté cette province, que jamais on n'entendra parler de lui. — Prétexte peut-être, monsieur. Mais que je le rencontre, moi, je lui parlerai ?

Le dépit d'Asselino paraissait

véritable. Il versait des larmes; il était violemment affecté. M. Berny qui avait eu mille occasions d'éprouver la fidélité, la franchise de ce bon serviteur, ne poussa pas plus loin ses questions, et resta convaincu que le hasard seul avait combiné ces divers évènemens. Dans l'impossibilité de rendre la caisse et ce qu'elle contenait à celui qui l'avait envoyée, et ne voulant pas cependant accepter un présent dont il ignorait le but, il fit placer tout cela dans un garde-meuble, et défendit qu'on y touchât, jusqu'à ce le hasard encore ( car on ne pouvait compter que sur lui ) en eût fait découvrir le véritable propriétaire.

Toutes les têtes se calmèrent; on ne parla plus de cette affaire, et la sérénité reparut dans la maison.

La tendresse de M. et de M.^me Berny pour leur fils, croissait de jour en jour. Jules ressemblait exactement à son père; c'était les mêmes traits, le même son de voix et presque le même caractère. Madame Berny, aussi tendre épouse que bonne mère, voyait avec plaisir que cette ressemblance attachait singulièrement son mari à son fils. Ah, ma chère Aura, lui disait souvent M. Berny, quel moment que celui où tu donnas le jour à ce charmant enfant! Assis près de ton lit de souffrances, et malgré tous mes chagrins, j'étais-là, attendant le précieux cadeau qu'allait me faire la nature... Je le reçus dans mes bras, je l'élevai vers le ciel en lui disant: mon Dieu, daigne rendre cet enfant plus heureux que son père!...

Je te le remis ensuite, Aura, et le lait maternel nous procura l'inestimable jouissance de l'élever près de nous, de voir développer ses forces, ses connaissances, sa raison, et ces traits enfin que tu chéris parce qu'ils sont les miens! Aura! quel doux souvenir pour mon cœur!

C'est ainsi que cet excellent couple d'amans-époux jouissait de sa félicité mutuelle, et de celle d'élever un fils qui, par son cœur et son esprit, leur promettait de continuer leurs vertus. Il avait avec cela une excellente santé, ce qui ajoutait à leur satisfaction.

Tous les pères de famille ne sont pas également heureux sous ce dernier rapport.

Madame la marquise d'Arancourt, veuve entre deux âges, mais aimable et bonne, venait quelquefois visiter notre bonne famille. Madame d'Arancourt habitait un château très-beau à une demi-lieue du Paradis. La fortune et les plus beaux sites de la nature semblaient devoir la rendre heureuse dans ce séjour enchanté ; mais la marquise avait une source de chagrin qui faisait sans cesse couler ses larmes. Sa fille, sa fille unique, aimable personne de quinze ans, jolie comme l'Amour, était attaquée d'une maladie de langueur qui devait incessamment la conduire au tombeau. Pâle, faible, souffrante, la jeune Eugénie avait perdu pour jamais la vive couleur et la fraîcheur de la rose à laquelle elle ressemblait naguères ! elle était condamnée par tous les médecins ; sa mère le savait, et l'on doit juger de l'excès de sa douleur.

Par un jeu bizarre de la nature, M. Berny possédait au Paradis le portrait vivant de cette jeune infortunée. Rose, quoique âgée d'un an de moins, Rose, la fille de la femme de basse-cour, et l'amie de cœur du jardinier Jacques, avait tous les traits, la taille, la démarche même d'Eugénie. A l'éducation, à la mise près, c'était Eugénie avant qu'elle tombât malade. Cette circonstance attirait souvent la marquise d'Arancourt au Paradis, et chaque fois qu'elle y venait, on lui présentait Rose. Je crois voir ma fille, disait cette bonne mère en regardant, en caressant la petite paysanne, je crois la posséder encore, et je trompe ma douleur ainsi que la nature.

Cela n'était pas fort gai pour Rose, qui répondait gauchement, et se retirait le plutôt qu'elle le pouvait.

Un matin, madame d'Arancourt, vint chez M. Berny, mais dans l'état le plus effrayant. Elle fondait en larmes ; elle accusait le ciel, elle demandait sa fille à toute la nature. L'auriez-vous perdue, lui demande avec intérêt M. Berny ? — Non, mon ami, non pas encore ; mais on craint qu'elle ne passe pas la journée ! — Madame, ma digne amie ! faites-vous une raison ? vous le savez assez, tout périt. La fleur de la jeunesse peut se faner et mourir avant que le front chauve du vieillard soit courbé dans la tombe. Eh, quel père de famille peut se flatter que ses enfans lui fermeront les yeux !

Cette morale ne consola nullement madame d'Arancourt. Elle ne voulut point voir Rose, dont l'aspect eût ajouté à ses regrets. M. et M.^{me} Berny, Jules lui-même, essayèrent de calmer cette mère trop à plaindre. Elle refusa de rester au Paradis, quoiqu'on l'en pressât avec instances. L'infortunée retourna près du lit de sa fille chérie. Le soir, en effet, Eugénie n'existait plus !

Quand on a le cœur de M. Berny et de sa famille, on est sensible aux malheurs de ses amis. Quelques jours furent employés en visites réciproques, en consolations, et la douleur des habitans du Paradis fut un peu dissipée par plusieurs événemens, dont un sur-tout fit un très-grand plaisir à leurs ames bienfaisantes.

## VII.

> Allez ; n'oubliez jamais votre serment. Aimez constamment celle qui vous jure de vous aimer toujours, et vous la retrouverez fidelle.

Le jardinier Niquet rencontre son grand fils Jacques et lui dit : eh, mon gas, vas t'habiller, fais ton paquet, et viens me retrouver ici. — Comment, mon père ? — J'te disons d'aller t'habiller de ce que t'as de pus propre et de venir me rejoindre là, dans ce parterre. — Et pourquoi ? — Pourquoi ?... j'te l'dirons d'vant not'maître. — Mais encore ? — Parce qu'il faut partir, et partir tout de suite. — Pour où aller ? — Tu le sauras devant M. Berny. — Et Rose ? — Et Rose ? all'restra, Rose. Nos affaires ne la regardent pas. — Morgué, que vou'êtes mystérieux aujourd'hui, mon papa ! — I'faut qu'ça soit comme ça apparemment. — Mais si vous me disiais ?... — Encore une fois, vas t'habiller, fais ton paquet, et reviens. M'entends-tu, obstiné !

Jacques est habitué à trembler devant son père ; Jacques est un bon fils, qui cède aux moindres volontés du bon Niquet. Jacques enfin s'imagine qu'il n'est question que d'un petit voyage, ordonné sans doute par M. Berny. Il va endosser sa belle veste brune ; il se pare de son pantalon rayé et neuf ; il fait un petit bagage de ses effets, et le voilà revenu, son paquet sous le bras, au parterre, où il retrouve son père à la même place, et silencieux. Niquet le prend par le bras, sans dire un mot, et tous deux entrent chez M. Berny, qui déjeûne avec sa femme, son fils, Aloyse, et l'oncle Dabin. Monsieur, dit Niquet en tirant le pied pour faire la révérence, Monsieur, sauf votre respect, j'ons été vot' jardinier jusqu'à présent, n'est-ce pas? eh bien je ne l' sommes plus, à compter d'aujourd'hui. — Est-il possible, Niquet? — Très-possible, M. Berny. Vous êtes un bon maître; j' sommes itou un bon jardinier, et il faut que j'nous séparions. T'nais, lisais, c'te lettre que le magister de not' village d'Auvergne nous écrit?

M. Berny prend la lettre et lit :

*De la Roche Noire, près Saint-Flour, etc.*

« Cette lettre est pour t'avertir, Niquet, que tu aies bien vîte à revenir au pays avec ton fils Jacques. Ton père est à toute extrémité qu'on est sûr qu'il en mourra, c'est-à-dire, qu'il n'en reviendra pas. Si tu te dépêches, peut-être bien que tu le trouveras encore de ce monde ; mais ce ne sera pas pour long-tems. Le cher homme a quatre-vingt-six ans, et puis des infirmités que ça s'éteint comme une chandelle. Ta pauvre mère pleure à fendre le cœur, et nous regrettons tous le brave homme qu'elle avait pour mari. Arrive donc à toutes jambes, pour consoler cette bonne femme, et pour lui cultiver son champ qui est plein de ronces et d'épines comme la vie de ce monde. Elle peut le suivre de près; car elle n'est pas bien portante non plus, et bien âgée aussi. Sois bon fils, Niquet, apprends à ton fils à l'être aussi, afin qu'il soit un jour la consolation de ta vieillesse, comme tu vas être celle de ta pauvre mère. Rien de nouveau à te mander, sinon que je suis ton ami.

GILLES PATU, *magister*. »

Eh bien, Monsieur, dit Niquet en laissant tomber une larme, vous le voyais; que faut-il que j'fassions ? —Partir sur-le-champ, lui répond M. Berny. Quelque regret que j'éprouve de te perdre, je sens que tu te dois tout entier à la nature; mais tu vas me laisser sans jardinier? — Oh que non, Monsieur; celui de madame la marquise d'Arancourt, qui est mon ami, va venir ce matin, et travailler chez vous jusqu'à ce que vous ayez choisi quelqu'un pour me remplacer. Allons... adieu, monsieur, madame, et vous not' jeune maître qui es si doux, si complaisant... —Tu nous dis adieu? attends donc que je te paye tes gages. — Ça n'est pas pressé, monsieur; vous m'enverrez ça. —Eh non. Reste là une minute, je reviens.

Pendant que M. Berny court à son cabinet, Jacques, qui était resté tout interdit, tout glacé, recouvre l'usage de la parole : C'est-il vrai ça, mon père, s'écrie-t-il! nous partons, et vous me séparez de Rose, de Rose, que j'aime tant!

—Pas de raisons, mon gas, il le faut. — Je ne la revarrons donc plus. — Si fait ; quand j'aurons pardu ma pauvre mère, le plus tard possible cependant; et Rose, qui n'a que quatorze ans, sera plus grande, assez pour être ta femme, si all' t'aime toujours.

Si je l'aimerai toujours, s'écrie à son tour Rose qui avait vu Jacques se parer et qui l'avait suivi guidée par son inquiétude, si je l'aimerai toujours ! ah, c'est pour la vie ça, quand on a un cœur comme le mien.

Rose, reprend Niquet, vous êtes trop raisonnable pour empêcher ce garçon là de faire son devoir. Son grand-père se meurt, il est peut-être défunt à l'heure que je vous parle. Jacques doit bien toutes ses consolations à sa grand'mère; c'est naturel, n'est-il pas vrai? vous aimez vot' mère, vous, Rose. Si all' vous disait : Viens t'en par-ci, viens t'en par là? vous l'i obéiriez, j'en sis sûr. — Il le faudrait bien. — Et ça s'ferait sans chagrin, sans himeur ? — Je n'assure pas ça par exemple.

Rose verse des larmes d'un côté, et Jacques d'un autre est excessivement ému.

M. Berny rentre, donne à Niquet ce qui lui revient de ses gages. Il y ajoute, on s'en doute bien, quelques libéralités. Puis il dit : Comment pars-tu? à pied? — Oh nenni-dà, not' bon maître. J'ons acheté ce matin, au grand vacher, sa jument qu'est assez longue pour que j'nous y mettions à califourchon,

mon gas et moi. I'lamènera, li; moi j'srons derrière comme ces quatre fils démons dont not' jeune maître m'a souvent conté l'histoire. J'tiendrons Jacques au cou, comme ça par les deux mains, et j'piquerons tant qu'j'arriverons le plutôt possible. Mais, partons, ho, mon gas!
— Mon père, c'est une cruauté ça! quitter Rose, la quitter pour ne la revoir ept'être à jamais! — Tu la reverras. Vous vous réunirez un jour, jeunes gens, ici, là, si M. Berny l'permet stapendant?

Je le désire, et j'en suis même certain, réplique M. Berny. — Ah, queu chagrin, reprend Jacques, queu chagrin! j'en mourrai, c'est sûr. — N'vas pas mourir, Jacques, interrompt Rose en sanglotant, pisque je te jure de ne me marier qu'avec toi. — Et moi, j'tel'promets ben aussi. Faisons un serment sur ça.— Avec bien du plaisir, vas!

Les deux amans se prennent la main, et disent ensemble, à haute voix, d'un air dramatique: Je jurons de ne prendre jamais d'aut' mari et femme que nous deux!

M. Berny et sa femme se détournent pour rire du sérieux, et en même tems du comique de cette scène. Jules, ému, mais grave comme un juge, se lève, marche vers Jacques, lui prend la main, et lui dit d'un ton doctoral : Jeune homme! vous avez entendu ce que Rose vous a répété plusieurs fois? Bon jeune homme, allez; n'oubliez jamais votre serment, aimez constamment celle qui vous jure de vous aimer toujours, et vous la trouverez fidelle!

Il ne fallait plus que cette sortie de Jules pour ajouter à l'envie de rire de monsieur et madame Berny. Ils se continrent cependant, et d'ailleurs ils n'étaient pas contents de perdre deux bons sujets comme Niquet et son fils.

Les deux amans s'embrassèrent, se promirent cent fois fidélité, constance; et comme ils fondaient en larmes, on fut presque forcé de les arracher des bras l'un de l'autre. La *longue* jument, ainsi que l'appelait Niquet, était à la porte. Le père et le fils y grimpèrent, et s'éloignèrent pénétrés d'une douleur que leur inspiraient des motifs différens.

Cette scène répandit un nuage de tristesse sur les fronts de nos amis pendant toute la journée. Rose sur-tout eut besoin de la société de sa mère et de celle du sensible Jules, qui ne la quitta pas, pour calmer sa douleur.

Jules, dont l'ame était sombre, proposa à Asselino de retourner au cimetière Saint-Cyprien pour voir s'il n'y retrouverait pas, là ou aux environs, le vieillard inconcevable qui lui avait envoyé tant de présens. Non certainement, mon jeune maître, lui répondit Asselino, je n'irai pas, à moins que monsieur votre père ne le sache, que vous ne lui en ayez demandé la permission. Demandez-lui s'il le veut bien, et demain je ne ferai aucune difficulté de vous y accompagner.

Jules approuva cette mesure de prudence de la part d'un homme qui avait éprouvé des désagrémens à ce sujet. Il en parla à son père. M. Berny lui représenta que c'était une démarche inutile. Il y consentit néanmoins, en ajoutant qu'il aimait autant que son fils se promenât là qu'ailleurs.

Asselino s'assura bien de son consentement, et le lendemain matin, après le déjeûner, il partit avec son jeune ami. On se doute bien qu'arrivés au cimetière, ils n'y trouvèrent point le faux mendiant. Les débris du tombeau sur lesquels on l'avait trouvé étaient encore là dans le même état. C'est un tour qu'il nous a joué, dit Jules, de feindre que ces pierres avaient roulé et manqué de l'écraser ; c'était pour attirer notre attention de son côté. Car enfin, que j'examine ces ruines, il est impossible

Mais que vois-je, des tablettes! Tiens, Asselino, remarque donc ces tablettes que quelqu'un a sans doute oubliées là?—N'y touchez pas, mon ami, la personne qui les a perdues, va revenir, et il serait indiscret à nous... — Elles sont bien belles ! c'est quelque poëte sans doute, quelque nouvel Young qui se donne le plaisir tout-à-fait agréable de venir méditer sur les tombeaux, comme Hervey ! —Vous croyez que ce sont ces gens-là qui ont égaré ces tablettes ?— Tiens, ces gens-là; il est bon, Asselino! il y a long-tems, bien long-tems qu'ils n'existent plus. Ce sont des auteurs que je cite. — Ah, des auteurs, je ne les connais pas. Mais partons, vous voyez qu'il n'y a personne ici. —Il y a bien du monde au contraire, Asselino ; mais tous gardent le silence ! (*il sourit*) Eh bien, ne voilà t-il pas que je fais comme ces tristes pleureurs dont je me moquais tout-à-l'heure ! c'est la vue de ces tablettes qui me donne tant de philosophie... Je suis sûr qu'il y a là-dedans de grandes phrases dans le genre de la mienne (*il cherche à ouvrir ces tablettes.*) — Laissez cela, monsieur, réprimez votre curiosité, je vous l'ordonne. — C'est que.... ces tablettes.... à cette même place où.... (il les ouvre) Tiens, mon nom ! *Pour Jules !* il y a bien là *pour Jules*. — Pour Jules ? cela est-il croyable ! — Lis toi-même ? — C'est vrai. — Voyons ce qu'on a griffonné au crayon sous ce *pour Jules ?*

Il lit.... « Votre délicatesse ne

doit souffrir en rien du cadeau de livres et d'instrumens que je vous ai fait. Ils vous viennent d'une main.... bien précieuse ; et rien, Jules, non rien n'est plus pur que la source où j'ai puisé l'intérêt que je vous ai voué pour la vie » !

Ah ça, dit Jules, il y a de la sorcellerie dans tout cela. Comment cet homme a-t-il deviné que je viendrais là, ce matin ? — Je m'y perds. — On l'a donc averti de ma démarche ? —Et qui ? —Ou bien, il me suit par-tout comme mon ombre. — J'ai vu deux ou trois personnes sur la route, derrière ou à côté de nous. Et tenez, en voyez-vous qui s'en vont là-bas, et qui semblent sortir de ce cimetière. — Courons, Asselino, tâchons de les rejoindre, et si j'y trouve mon mendiant... oh, je le reconnaîtrais par-tout ! — Courez, vous, Jules ; vous êtes plus jeune et plus alerte que moi. Je vous rejoindrai le plus vite que je pourrai.

Voilà Jules qui part comme un trait, qui court à toutes jambes, et qui rejoint enfin les personnes qu'il a vues de loin. Son espoir est bien deçu ; ce sont des jeunes pâtres que la corne du vacher rappelle au hameau à l'heure du dîner. Il n'importe ; l'un de ces agriculteurs peut avoir été chargé de placer les tablettes à l'endroit où on les a trouvées. N'avez-vous pas perdu cela, leur demande Jules ?

Les paysans le regardent tout ébahis, et se mettent à rire. Ils ne savent pas ce qu'on veut leur dire. Jules les quitte, et retrouve Asselino à qui il fait part du peu de succès de sa démarche. Tous deux, bien étonnés, reviennent au Paradis, où ils remettent les tablettes mystérieuses entre les mains de M. Berny, que ce nouvel incident, auquel il ne peut rien concevoir, afflige singulièrement. Mon lecteur devine sans doute les réflexions que cela suggère à notre père de famille; elles n'aboutissent qu'à le laisser dans une incertitude inquiétante, et il se promet de faire lui-même, dans les environs, les recherches nécessaires pour découvrir l'inconnu qui le tourmente, qui suit sans doute quand on sort, ou qui a, dans la maison, des intelligences secrètes qu'on ne peut dévoiler.

Quelque tems après, madame la

marquise d'Arancourt vint au Paradis. Sa douleur était un peu calmée; mais elle n'en regrettait pas moins sa fille chérie. J'ai formé, dit-elle à M. Berny, un projet bizarre, que vous allez connaître. Auriez-vous la bonté, mon voisin, de m'envoyer chercher la mère Andrée et sa fille Rose?—Volontiers, répond M. Berny.

Il donne des ordres en conséquence. La marquise continue : Vous savez que Rose est tout le portrait de ma fille Eugénie !... (*elle soupire*) Rose a ses traits, sa voix, sa taille et jusqu'à ses manières. Car il semble que la nature, en leur assignant des grades différens, les ait formées sur le même modèle. Je veux qu'Andrée me cède cette jeune enfant. Je l'élèverai comme

Eugénie; je la ferai instruire; et, si elle se conduit bien, je lui laisserai par la suite une forte part dans mon héritage.—Voilà, marquise, un projet bien favorable pour une simple fille des champs. —Cette simple fille des champs me rappellera mon Eugénie; je croirai la voir; elle me continuera l'enfant adorable que j'ai perdu, et je tromperai ainsi la nature, jusqu'à la Mort même.

Rose et sa mère entrent. La marquise leur détaille les plans qu'elle a conçus pour le bonheur de Rose. La mère Andrée ne demande pas mieux que de céder ses droits à une si grande dame. Rose seule n'est pas très-éblouie du sort qu'on lui destine. Elle semble se dire tout bas : Et Jacques ! il faudra donc que j'en épouse un autre ? 

Elle répète tout haut : Et Jacques ! à qui j'ai promis mon cœur et ma main ! — Ma fille, réplique la marquise, vous êtes une ingrate ! vous m'objectez un rustre, quand je vous offre de tenir chez moi la place de mon Eugénie ! — C'est que je lui ai promis, madame... — Soyez tranquille ; on verra par la suite, s'il est honnête homme... — Quoi, vous me promettez de me le donner pour mari ! eh bien, c'est décidé, je vais avec vous, et je vous aimerai, je vous aimerai !... autant que j'aime Jacques. — Je ne te dis pas tout-à-fait, Rose, que Jacques.... mais enfin cela sera très-possible.

La marquise ajoute tout bas à l'oreille de M. Berny : Cette enfant aura bientôt oublié son Jacques, au sein de la fortune, et d'après mes projets.

M. Berny lui fait signe de la tête qu'il est de son avis; et Rose, qui a repris sa sérénité, ne pense plus qu'au bonheur dont elle va jouir. Elle est debout devant la marquise, et lui dit en faisant une petite révérence : Est-ce tout de suite, madame, que je vais avec madame ? —Mais à l'instant, si cela te fait plaisir, mon enfant. Je n'ai pas besoin qu'on t'envoie tes hardes ; je vais t'en faire faire d'autres d'un autre genre. Ah çà, c'est convenu, je t'appellerai ma fille, et tu me donneras, toi, le doux nom de mère ? — Oui, madame,.... ma mère. — Elle est charmante... toute Eugénie !... Mon projet vous paraît peut-être celui d'une folle, mes amis; mais, que voulez-vous, ce n'est qu'en l'exécutant que je puis tenir encore à la vie! Allons, viens, ma chère Eugénie; car je veux aussi que tu portes ce nom là.

Rose embrassa, en sautant de joie, sa mère, tout le monde; elle promit de venir souvent au Paradis; puis la marquise la fit monter à côté d'elle dans sa voiture, qui disparut.

La mère Andrée était une petite vieille toute sèche, toute rechignée, que le bonheur et le malheur affectaient fort peu. Elle prit bravement son parti; son amour-propre fut même flatté de l'espoir que sa fille serait un jour une haute et puissante dame, et elle retourna à sa basse-cour.

Quand elle fut partie, Jules fit ce petit raisonnement qui ne parut pas du tout faux pour son âge : Je ne conçois pas, moi, mon papa, l'espèce de la tendresse maternelle de cette madame d'Arancourt. Elle adorait sa fille, et elle lui en substitue une autre à qui elle va donner le même nom, les mêmes droits. Quelque chose peut-il remplacer sur la terre l'enfant à qui on a donné le jour ! — Tu as raison, mon ami, lui répondit son père. La nature ne se laisse pas abuser à ce point, et, dans la tendresse que la marquise va prodiguer à Rose, tu verras qu'il y aura mille petites nuances qui ne seront pas d'une mère, qui trahiront la protectrice. Je sens bien, moi, que rien ne saurait te remplacer dans mon cœur, si j'avais le malheur de te perdre. Je fuirais au contraire ceux dont les traits pourraient me rappeler les tiens; ils renouvelleraient trop mes vives douleurs !.... mais tous les hommes ne voient pas de la même manière. Celle de madame d'Arancourt est comme cela; il faut la lui laisser, l'en féliciter même, puisqu'elle va faire le bonheur d'une enfant à qui nous nous intéressions tous dans cette maison. Mais, par exemple, je ne sais plus ce que deviendra Jacques dans tout cela. — Oh, Jacques ! Jacques, mon papa ! j'ai bien peur qu'il tienne tout seul le serment auquel je l'ai si indiscrètement engagé de rester fidèle !

## VIII.

C'est en vain que le méchant cherche à s'envélopper des ombres du mystère. Tout dans la nature tend à dévoiler ses odieux projets. Les vents portent ses paroles à l'écho fidèle qui les répète, ou le hasard peut amener près de lui un témoin invisible, inattendu ; et c'est alors, pour me servir d'une expression populaire, que les murs ont des oreilles !

Tout avait repris, au Paradis, son ordre accoutumé. Rose avait été remplacée par une autre fille de basse-cour, beaucoup moins jeune et moins jolie, ce dont M. Berny n'était pas fâché; car il avait cru remarquer que Jules, tout en aimant bien sa cousine, ne voyait pas avec indifférence toute autre femme dont les traits étaient agréables. Ce jeune homme annonçait des passions et des passions violentes. On savait qu'il était rentré tard de la danse qui avait lieu tous les dimanches, parce qu'il s'était permis, sans le consentement de ses parens, et sans vouloir qu'Asselino l'accompagnât, de reconduire une jeune et charmante chevrière à qui il avait fait une espèce de cour. Grondé sur ce fait, il s'était excusé sur ce que la mère de cette pastourelle, se trouvant indisposée, l'avait laissée seule, et qu'à l'heure qu'il était, neuf heures du soir, il n'était pas décent qu'un *jeune homme galant* ( c'est ainsi qu'il se qualifiait) laissât aller seule, à une lieue, une jolie fille qui pourrait être *insultée*.

Il n'était pas convenable que M. Berny interrogeât son fils, si jeune encore, sur le genre d'*insulte* auquel était exposée *une jolie fille*, et il craignait avec raison que le chevalier de la jolie fille ne fût le premier à l'*insulter*. Ce caractère ardent et volage inquiétait M. Berny. Une après-midi, qu'il était seul dans son jardin avec madame Berny, il en parla à cette femme adorée.

Ne trouves-tu pas, lui dit-il, ma bonne Aura, que depuis un an que notre fils est sorti du collége, il est considérablement changé ? — Mais non, mon ami, je ne vois pas cela du tout. — Il aime Aloyse, il l'aime d'un véritable amour. Je voyais, ainsi que toi, naître et se fortifier cette passion avec plaisir. Aloyse est ta nièce ; elle est orpheline ; mais nous l'aimons comme notre fille. Nous pouvions espérer qu'un jour, en obtenant les dispenses nécessaires, nous unirions comme époux deux enfans qui se chérissent plus que deux frères ; et.... — Eh bien, quel obstacle vois-tu à ce projet ? — Le caractère capricieux, changeant, et peut-être pis que cela, de M. Jules. — Tu le juges bien sévèrement ! — Mais non. Il a seize ans et quelques mois ; il devient un homme, et je m'aperçois que le premier minois un peu gentil lui tourne déjà la cervelle. Tu sais qu'il a reconduit la fille à Bernard, et que cette fille a dit à ses parens qu'il lui avait tenu certains propos...

— D'écolier, mon ami, d'écolier. Cela a tout et trop appris au collége ; cela se croit à présent un homme, et Jules passe la mesure, c'est tout naturel; mais il a des principes; il aura des mœurs ; eh puis il est très-certain qu'il adore Aloyse. Ne l'as-tu pas entendu répéter cent fois, mille fois, qu'il n'aura jamais d'autre femme que sa cousine. Hier encore il le disait à ma nièce qui, trop enfant pour lui répondre sérieusement, lui faisait entendre par un sourire ingénu qu'elle le voulait bien. L'innocence, la candeur, guident jusqu'à présent l'union intime de ces deux êtres qui nous sont si chers, et notre projet se réalisera, vas, sois sûr qu'il se réalisera.

M. Berny tourne la tête en signe

de doute. Il réplique : Je ne sais si c'est une juste prévoyance qui m'inquiète, ou si j'ai des pressentimens... Il se pourrait que ce fût un pressentiment.... je suis si troublé avec cela par la correspondance anonyme de ce faux mendiant, dont heureusement on n'entend plus parler.... Je relisais, ce matin, ses quatre lettres ; et je te l'avoue, cet homme a jeté dans mon cœur un germe de sollicitude... Je ne reviens pas des conseils qu'il nous donne... puis faire des présens, puis dire, écrire du moins qu'ils viennent *d'une main bien précieuse !*.... Quelle est cette main si précieuse ! nous n'avons plus un parent sur la terre.... que ton oncle Dabin ; et certes ce n'est pas lui qui s'amuse à jouer ce personnage de roman.

Il n'en aurait ni l'esprit, ni les moyens. Il nous parle, cet inconnu, d'un ami sincère que nous avons, que nous devons consulter.... Un ami, lequel ? nous n'en avons plus que deux, qui paraissent nous être attachés ; mais ils ne sont pas ici, près de nous ; nous ne les voyons pas. L'un, le père Augely, ce respectable religieux Mathurin que mon père amena des Indes avec lui, cet excellent homme, dis-je, est depuis deux ans auprès de son frère, qu'une maladie de langueur menaçait d'enlever à sa famille. Nous n'avons plus de ses nouvelles. C'est qu'apparemment ce frère existe encore ; ou, s'il n'est plus, c'est que le père Augely s'est fixé pour toujours auprès de la veuve et des enfans. L'autre ami, qui nous a toujours témoigné quelque intérêt, malgré les injustices de mon père, et la tendresse que ce vieillard avait pour lui...

Ici, M. Berny est interrompu par Asselino, qui lui dit d'un ton soucieux et presque brusque : Voilà M. Adalbert de Faskilan qui descend de voiture. — Bon, répond M. Berny; lorsque je parlais en ce moment d'Adalbert, il arrive. J'étais justement sur son chapitre. Adalbert ! j'en suis enchanté. Est-il seul ? — Non ; il est avec un monsieur, un grand homme laid, sec... que je ne connais pas. — Allons le recevoir, Aura. Il serait singulier qu'Adalbert fût justement cet ami dont l'inconnu nous parle, et dont, dit-il, nous devons écouter les conseils. — Bon, mon ami, tu rêve ?

Quels conseils, et sur quoi pourrait nous conseiller Adalbert ? c'est un honnête homme, je le sais ; mais nos affaires ne sont-elles pas claires, et a-t-il le droit de s'en mêler ? Je le vois trop, tu cèdes en enfant à des terreurs paniques qu'un événement, à la vérité singulier, mais réellement peu inquiétant, a jetées dans ta tête. Voyons Adalbert avec plaisir ; recevons-le bien, comme il le mérite, et sur-tout ne vas pas lui parler des lettres, ni de ton inconnu ? — Cela, par exemple, serait bien indiscret de ma part ! voyons venir Adalbert ? S'il est l'ami désigné, s'il est dans la confidence de l'anonyme, nous nous en apercevrons bientôt, et alors nous agirons en conséquence. Mais conviens qu'il est étonnant qu'au moment même où je parlais de lui, il arrive à propos, comme si le sort voulait me dire : Tu l'as deviné ; c'est celui-là !

Monsieur et madame Berny trouvèrent Adalbert de Faskilan et son ami qui déjà caressaient Jules avec l'effusion de la plus vive amitié. Jules était fort étonné de voir un particulier, dont il avait entendu parler, mais qu'il ne connaissait nullement, l'appeler son neveu, son cher neveu, le traiter en un mot comme le meilleur de ses parens.

Mon frère, dit Adalbert à M. Berny, et vous ma sœur, vous m'avez permis ce nom si doux; accordez-moi la faveur de donner à ce jeune homme, le titre de mon neveu. L'amitié fit seule notre parenté ; elle est quelquefois plus durable que la voix du sang ? — Volontiers, mon frère, dit M. Berny en embrassant Adalbert, appelez-le votre neveu, tout comme il vous plaira. Jules?... Jules? — Mon père? — Tu ne connaissais pas cet oncle là. C'est un oncle d'amitié tout uniment, comme il le dit lui-même; mais il t'aimera bien, j'en suis sûr; car, dans certaines circonstances... malgré la prévention d'un vieillard... bien injuste !..... Adalbert nous a donné des preuves d'un attachement sincère. — Et je suis prêt ( c'est Adalbert qui parle), toujours prêt, mon frère et ma sœur, à multiplier ces preuves. — Ah! les tems sont changés. — Heureusement pour vous. Vous n'avez plus rien à redouter des hommes. La paix et le bonheur, voilà ce qui vous attend désormais, et ce que vous avez bien acheté ! — Oh, cruellement payé ! — Qui le sait mieux que moi. Mais, dites-moi, que faites-vous ici de ce bonhomme d'Asselino ? vous l'avez donc toujours ? — Toujours. Il fut le serviteur de mon père ; il doit trouver sa retraite dans ma maison ; mais pourquoi me faites-vous cette question ? — C'est qu'il paraît me bouder, moi. —Vraiment? — Quand il m'a vu descendre de voiture, il m'a lancé un regard ; il m'a même tourné le dos en marmottant entre ses dents quelque chose que je n'ai pu entendre. A coup sûr (*il sourit*) ma présence ici lui a donné de l'humeur? — J'ignore pour quel motif. Vous savez que la vieillesse a ses caprices, ses boutades? —Qu'il les passe ailleurs qu'avec moi. Il me connaît depuis assez d'années pour savoir qu'il me doit de l'estime et des égards. — Je n'entends pas qu'il vous manque. — Laissons cela. — Oui, laissons cela, et dites-moi ce qui me procure l'avantage de vous revoir ? — Je vais passer quelques jours à la Pommeraie, ici près, chez mon ami que voilà, et qui vient d'acheter cette propriété. J'ai profité de cela pour venir vous visiter, pour embrasser un neveu que je n'avais jamais vu, et que je savais cependant retiré du collége depuis treize mois. — C'est fort aimable à vous ! vous ne partez pas de suite ? vous soupez avec nous ? — Nous vous prierons de nous permettre de passer la nuit ici. Nos chevaux sont si fatigués ! — Disposez, Adalbert, de notre maison ? disposez-en entièrement. On

a remiser votre voiture, mettre
os chevaux à l'écurie, et nous
ouirons du bonheur de vous pos-
éder... — Jusqu'à demain matin.
on ami est curieux de connaître
a propriété; et comme je suis son
nséparable, il ne pourrait pas se
asser de moi dans cet examen.—
'est très-estimable, messieurs. Il
st tard; des voyageurs ont besoin
e repos. Ma femme, fais servir le
ouper.

On se mit à table. Adalbert, qui
e pouvait se lasser d'embrasser le
ils de ses frère et sœur adoptifs,
emanda qu'il fût placé à côté de
i. Jules, sensible à tant d'affec-
ion, s'y livra, et fit briller dans la
onversation, autant d'esprit que
e goût et de jugement.

Il est adorable, s'écria Adalbert!

je sens que si j'avais ce jeune homme là, à Paris, près de moi, je ne pourrais pas m'en passer d'une minute. — Bah, répondit l'oncle Dabin qui commençait à boire coups sur coups, il vous ferait enrager au point... — Comment ? — Il n'est pas méchant, mon petit neveu ; je l'aime autant que ses père et mère; mais il est taquin, et avec moi seulement : il semble qu'il n'y ait que lui qui sache faire des vers! Monsieur critique ceux des autres.

Jules part d'un éclat de rire: Ah, ah, ah! mon oncle pense encore à son petit poëme sur le beurre et le pain !...

M. Berny d'un regard sévère fit taire Jules qui pouvait fâcher son oncle ; et l'oncle Dabin allait entamer l'histoire de ses campagnes, de ses hauts faits, des injustices qu'il avait éprouvées, lorsque l'ami d'Adalbert, qu'on nommait Forville, se leva de table, sous un prétexte. Forville, très-fatigué, se sentait indisposé. Il avait entendu, avant le souper, que madame Berny avait ordonné à mademoiselle Prudence, de préparer l'appartement à deux lits, au numero trois, pour les voyageurs. Forville, sans rien dire du projet qu'il formait de se reposer, prit une lumière, monta au premier étage, chercha le numéro trois qui était ouvert, se déshabilla, éteignit sa lumière ; et se mit dans le premier lit qu'il rencontra. Pendant ce tems, Adalbert ignorant le motif du départ de son ami, restait à table avec la famille Berny, vantait le séjour de Paris, les plaisirs qu'on goûte dans cette belle capitale, où tous les arts s'unissent à-la-fois pour charmer l'homme de goût. Adalbert, qui allait passer quelques jours à la Pommeraie, devait revenir au Paradis à son retour. Il demandait la faveur d'emmener avec lui son neveu adoptif pour lui faire voir Paris. M. Berny s'y opposa fermement. Il est trop jeune, dit ce bon père. Dans quelques années d'ici, nous verrons. — Auriez-vous, mon frère, quelque répugnance à me le confier ? — Non certainement. — Ne suis-je pas un homme moral ? — Je le sais. — Il sera avec moi comme dans la maison paternelle, et ne fera jamais une démarche sans moi. — J'en suis persuadé, mais encore une fois, il est bien jeune; et puis nous souffririons trop, sa mère et moi, de nous en priver sitôt. Il n'y a qu'un an que nous le possédons, et avec un fils aussi intéressant que Jules ; un an n'est qu'un jour. — Je n'insisterai donc plus. Je vous le laisse encore ; mais à mon premier voyage ? — Nous verrons cela ; nous ne vous refusons pas précisément ; nous en parlerons ensemble.

La colation du soir était finie ; Adalbert témoignait son étonnement de l'absence de son ami. Il est allé se coucher, dit Asselino qui l'avait vu monter. — Eh bien, je vais le rejoindre, répondit Adalbert.

On le conduisit à son appartement, dont soudain il ferma la porte sur lui.

Cet appartement était composé de deux pièces. Dans la première,

Forville dormait dans un bon lit, et les rideaux tirés. Au pied de son lit, une porte vitrée séparait de la seconde pièce où il y avait également un lit, et cette seconde pièce offrait un cabinet noir, ou tambour formé à l'extérieur par la cage de l'escalier. Pour l'intelligence de ce qui va se passer, mon lecteur doit savoir que mademoiselle Prudence était venue dans la soirée préparer, suivant l'ordre de sa maîtresse, l'appartement des voyageurs; mais elle n'avait eu le tems que de faire la première pièce ; sa maîtresse l'avait fait appeler au milieu de sa besogne, en sorte que son ouvrage était resté à moitié. Dans cet intervalle, Forville, trouvant une porte ouverte, s'était, comme l'on sait, couché dans le premier lit. Epuisé de fatigue, tombant de sommeil, il avait négligé de fermer la porte d'entrée, la seule par où on pût pénétrer dans ce logement.

Mademoiselle Prudence, croyant que tout le monde est encore à table, prend une lumière pour aller finir l'appartement. Elle entre; elle voit les rideaux du premier lit tirés; elle ne se doute pas qu'il y a un homme là dedans. Elle pénètre dans la seconde pièce dont elle pousse la porte derrière elle, et s'occupe à faire l'autre lit. C'est dans ce moment qu'Adalbert entre pour se coucher à son tour. Le bruit que fait Adalbert en fermant sa porte à double tour, en tirant les rideaux de Forville, en lui disant : comment, paresseux, tu ne m'attends pas, tu dors sans moi !... tout cela effraye mademoiselle Prudence ; sa chandelle tombe, s'éteint ; la voilà sans lumière. L'idée qu'un homme était couché près d'elle, sans qu'elle le sût, alarme sa vertu ; elle reste immobile...

Forville, remis un peu parce qu'il a reposé, répond à Adalbert : Que veux tu, je mourais de fatigue, de froid, je suis entré ici ; c'est notre appartement, n'est-ce pas ? — Oh, c'est bien lui, ce bourru d'Asselino vient de m'y conduire, en me lançant des regards !... — Il ne t'aime pas ! — Tu sais pourquoi. Attends, voilà du bois, je vais faire du feu. Ce mois de janvier est ici tout aussi glacial qu'à Paris... Il ne m'aime pas... Sans doute...il se méfie de moi... il ne sait rien cependant, il ne se doute de rien. . . . Voilà le feu allumé. Viens donc te chauffer un peu ? — Quoi, tout nu ! — Eh qu'est-ce que cela fait ? Passe ta capote.

Forville suit le conseil d'Adalbert, et l'on se doute de la situation de mademoiselle Prudence, qui a ensemble sa vertu à garder et sa curiosité à satisfaire. Se résoudra-t-elle, pour sortir, à traverser une pièce où il y a deux hommes dont l'un est nu, dont l'autre se déshabille peut-être ! Quelle horreur pour mademoiselle Prudence qui, malgré ses cinquante-six ans, s'imagine mériter encore qu'on lui manque !... Les deux amis vont parler avec cela, et il y a toujours quelque chose à gagner quand on écoute. Elle prête l'oreille, et elle entend quelques demi-mots qui l'étonnent beaucoup. Je dis des demi-mots; car Adalbert était trop prudent pour parler haut dans une maison dont il ne connaissait pas les dégagemens. Cependant, quoique Adalbert baissa souvent la voix, voici ce que mademoiselle Prudence entendit :

Ah çà, dit Forville à son ami au coin du feu, apprends-moi donc pourquoi cet Asselino paraît t'en vouloir à ce point? — Eh, imbécille, est-ce que tu dors encore; ou bien as-tu perdu la mémoire? Ne te rappelles-tu pas qu'il y a quelque tems, à la suite d'une orgie dans laquelle j'avais perdu la raison, j'eus l'imprudence de te révéler (*il baisse la voix*).... — Tu appelles cela une imprudence ? — Je ne m'en repens pas ; mais il n'y a

absolument que toi et moi au monde dans la confidence de ce secret que j'aurais dû garder à jamais. — C'est beau, Adalbert; tu me témoignes une méfiance... Ne t'ai-je pas juré de garder ce fameux secret comme toi-même; et ne connais-tu pas mon caractère. Voué à mes amis, à mon ami, jusqu'à la mort, je suis incapable de te trahir, et je te promets de nouveau de tout faire pour t'aider dans cette importante entreprise. Mais penses-tu qu'Asselino?...
— Il n'en sait pas autant que nous deux; quoiqu'il fût le confident, plus que le domestique, du vieux Evrard qui mourut dans ses bras et dans les miens, Asselino ignore... Tu m'entends ?... Mais il est assez éclairé sur le point principal pour épier mes démarches et s'en méfier.

Par exemple, s'il me voit....
Il parle bas à l'oreille de Forville, ce qui désole mademoiselle Prudence... Il élève la voix : Tu sens bien maintenant de quel danger peut être ce vieillard, sévère sur les principes, et qui devinerait le but que je me propose. — Je le sens. Au surplus, tu as trop de probité pour faire.... — Rien qui ne soit dans l'ordre social. J'ai de l'honneur, Forville ; je tiens à mon serment, et je l'exécuterai, si le jeune homme s'en rend digne. Tu te doutes néanmoins qu'il est mille moyens de le faire tomber dans le piége, sans ce qui s'appelle l'y pousser trop ouvertement. S'il a des passions, on en profite, on en tire parti habilement, on lui donne toutes les occasions de s'y livrer,

et cela, en ayant l'air de l'éloigner du danger, de le réprimander, de le morigéner même s'il le faut. Car je veux conserver son estime, celle de ses parens; je veux qu'ils me croient tous leur meilleur ami, l'homme le plus moral!... Tu ris ? — Je ris, parce que je te sais très-capable de jouer un pareil rôle. Je te seconderai. — J'aurai besoin de toi. — Quand commencera cette comédie ? — Pas tout de suite. Il est trop jeune; il est nécessaire que ses passions lui parlent hautement. Attendons deux, trois, quatre ans, s'il le faut. Qu'il ait vingt ans, et je te promets de le mener d'un train !... attendu que..

Encore quelques mots à l'oreille de Forville! Mademoiselle Prudence est sur les épines.

— Déjà, continue haut Adalbert, déjà j'ai jeté ce soir mes batteries en conséquence. J'ai feint de désirer avoir Jules à Paris dès ce moment. On m'a objecté qu'il était bien jeune. Je m'y attendais, et me suis rangé de l'avis du père; mais on n'est pas éloigné de me le confier dans quelques années, et je m'y prendrai si bien que....

Nouveau silence pour notre curieuse demoiselle, qui fait de dépit, un geste et un pas en avant.

N'entends-tu pas du bruit, dit Adalbert? — C'est vrai. Dans ces campagnes isolées, il peut se glisser des malfaiteurs! arme tes pistolets, et faisons la visite.

Des pistolets! une visite! et une visite faite par deux hommes dans le plus grand négligé! il en faudrait moins pour faire mourir de peur la grave demoiselle Prudence. Elle gagne légèrement le cabinet noir; elle s'y blottit derrière des débris de boiseries. Adalbert et Forville entrent dans la seconde pièce, regardent... mais, ignorant les localités, et d'ailleurs très-peu craintifs, ils rentrent auprès de leur feu, en laissant la porte vitrée ouverte. Forville fait remarquer à son ami qu'il est imprudent de parler si librement dans une chambre qui peut n'être séparée que par une légère cloison, de gens intéressés à écouter. Dès-lors, les deux voyageurs ne s'entretiennent plus qu'à voix basse, et mademoiselle Prudence, d'ailleurs éloignée d'eux, n'entend plus rien. Seulement, après un très-long silence, ces mots frappent son oreille. Allons, bonsoir mon ami, bonne nuit ! Avec tes pistolets et les miens sur nos tables de nuit, nous pourrons dormir; car au moindre bruit... malheur à ceux qui chercheraient à nous réveiller !

Adalbert passe dans la seconde pièce et se couche.

Que peut faire mademoiselle Prudence !.... elle n'ose plus bouger de sa place. C'est en vain qu'elle se reproche de n'être pas sortie dès l'arrivée d'Adalbert, ce qui eût été très-naturel dans une gouvernante qui vient de veiller à ce qu'il ne manque rien à des voyageurs; mais elle a craint pour sa vertu, pour ses chastes regards; elle a voulu entendre depuis; et la voilà bien avancée. Des pistolets, des hommes; ah mon dieu, mon dieu! dans quelle caverne de Satan est tombée la sage mademoiselle Prudence!...

Force lui fut de passer comme cela toute la nuit, en tremblant de tout son corps, en appelant tout bas à son secours la sainte Vierge, tous les anges du paradis.

Heureusement que les voyageurs, qui avaient parfaitement reposé, se levèrent de bonne heure, et descendirent au jardin, ce qui donna à notre recluse la facilité de sortir de sa cachette.

La première personne qu'elle rencontre sur l'escalier est Asselino. Ah! M. Asselino, s'écrie-t-elle, M. Asselino, je suis morte de peur et de froid! — Qu'avez-vous, mademoiselle Prudence? En effet, vous êtes pâle, changée.... — Il se trame des complots horribles contre Jules ! — Contre Jules ! — Ecoutez, écoutez.

Elle donne au vieux serviteur les détails de la mauvaise nuit qu'elle vient de passer, et lui rapporte tout ce qu'elle a pu saisir de la conversation des deux amis.

Asselino sourit de pitié : vous ne m'étonnez pas, lui dit-il, je le savais, je me doutais de tout cela. Je n'ignore pas qu'ils sont en garde contre moi ; mais leurs plus secrettes pensées me sont connues. Ah ! M. Adalbert, vous avez eu l'imprudence de confier votre secret à un homme... digne de vous sans doute !... et vous croyant seul avec lui, vous avez laissé échapper quelques parties du complot le plus infernal !... C'est en vain, mademoi-

selle Prudence, oui, c'est en vain que le méchant cherche à s'envelopper des ombres du mystère. Tout dans la nature tend à dévoiler ses odieux projets. Les vents portent ses paroles à l'écho fidèle qui les répète, ou le hasard peut amener près de lui un témoin invisible, inattendu; et c'est alors, pour me servir d'une expression populaire, que les murs ont des oreilles... Ils en avaient les murs de votre appartement, et j'en rends grace au ciel; c'est une preuve sans doute que de loin, ce ciel équitable et juste daigne veiller sur l'innocence.
— Mettez-moi donc au fait, M. Asselino; contez-moi quels rapports...
— Mademoiselle Prudence, vous aimez nos bons maîtres, leur cher fils? —Si je les aime! je sacrifierais la

main que voilà pour leur bonheur. — Eh bien, leur bonheur à tous dépend du silence que vous et moi nous devons garder sur cet événement. — Quoi! il faut.... — Vous taire; oui, me jurer même sur l'honneur que vous ne parlerez de cela à monsieur, à madame Berny, ni à Jules, que lorsque je jugerai à propos qu'ils en soient instruits. — Cependant.... — Vous m'estimez, mademoiselle Prudence; vous me jugez comme un honnête homme, n'est-ce pas, dévoué à ses maîtres? — Autant que moi. — Vous devez donc penser que ce n'est que pour leur bien que je vous demande un serment que vous ne pouvez pas me refuser. — Je vous obéis aveuglément, M. Asselino, et je vous jure de me taire tant que vous l'exigerez ; mais aussitôt que vous me permettrez de parler, oh, je dirai tout d'abord, je me vengerai de la nuit d'enfer que ces deux méchans hommes m'ont fait passer pour entendre leurs vilains projets.

Asselino savait que mademoiselle Prudence, qui avait du caractère, tiendrait sa parole. Cette certitude le rassura, et il se promit de surveiller plus que jamais des perfides dont il connaissait les vues, et que malheureusement il lui était impossible de démasquer. C'est ce que prouvera la suite de cette histoire.

## IX.

Je les entends encore, et toujours avec effroi, ces mots cruels du plus injuste des pères. « Fuis, « fils indigne de moi, fuis à ja- « mais ma présence... je te donne « ma malédiction ! Entends-tu « que je te maudis ! »....O Jules! quel poids affreux sur ma tête!

Adalbert et Forville acceptèrent, avant de monter en voiture, l'offre de partager le déjeûner de la famille Berny. Adalbert reparla de ses projets d'emmener par la suite Jules à Paris. Il témoigna la plus vive tendresse à M. et à madame Berny ; il combla Jules de caresses, et partit avec son ami pour le château de la Pommeraie.

Voilà un bien aimable homme, dit Jules après leur départ. Il est difficile d'être plus honnête et plus intéressant que ce M. Adalbert.— Il est vrai, répondit M. Berny, qu'il est digne de toute l'estime des honnêtes gens. — Ce qui me fait plaisir en lui, c'est qu'il aime bien mon père et ma mère. — Oh! il nous est très-attaché : et cela pourrait-il être autrement ; il a été le témoin sensible de tous nos malheurs ; il prit notre parti alors ; il nous consola, nous aida de ses conseils, de ses services auprès de l'homme le plus injuste. Eh! sans Adalbert, nous en eussions peut-être éprouvé davantage! — Cela est vrai, mon ami, interrompit madame Berny, dans ces momens difficiles je n'ai, de mon côté, trouvé que lui pour appui et pour ami. — Ce sont de ces choses, ma chère Aura, qu'on ne doit jamais oublier. Aussi nous le regardons comme un second nous-mêmes. Il paraît moins léger qu'autrefois, et encore ce sont les plaisirs de Paris qui lui donnent cet air là ; mais il ne me semble point changé du côté du cœur, de l'amitié. Il nous en a donné plus de preuves qu'à l'ordinaire, n'est-il pas vrai, Aura ? — Je l'ai remarqué comme toi, mon ami. — Mais, demande Jules, pourquoi vous appelle-t-il son frère, sa sœur, moi son neveu ? Il y a donc bien longtems que vous vous connaissez ? Il n'a pourtant pas l'air bien âgé, cet homme-là. — Il doit avoir trente-cinq à trente-six ans ; oui, trente-six ans à-peu-près. Il y a douze ans que nous l'avons vu pour la première fois, et à une époque !.... — Papa me regarde toujours comme un enfant ; jamais il n'aura la bonté de me croire capable d'entendre avec intérêt le récit de ses malheurs. Je suis un homme pourtant à présent. — En effet, reprend madame Berny, ton fils a raison, mon ami. Il est d'âge à connaître les événemens qui se sont passés dans sa famille. A quelle époque l'en instruiras-tu, si ce n'est maintenant où sa raison qui se forme a besoin d'un guide sûr ? Ce guide, c'est l'expérience des malheurs de ses parens ; elle lui donnera plus d'attachement pour nous qui le traitons autrement qu'on ne nous a traités, et il sentira mieux le bonheur dont le ciel l'a favorisé en lui donnant un père tel que toi. — Tu veux, Aura, que je rouvre des blessures à peine fermées ; que je convienne avec cet enfant que la malédiction paternelle.... — L'avais-tu méritée ! Dieu repousse la haine des pères quand elle n'est point motivée ; il en dédommage les enfans en leur donnant des jours paisibles, et des fils comme Jules... Allons, mon cher Berny, débarrasse-toi de ce récit douloureux qu'il faudrait lui faire un jour. Retire-toi avec ton fils dans un site agréable du jardin ; causez ensemble comme deux tendres amis ; moi, qui n'ai nul besoin d'entendre de nouveau ce que je ne sais que trop, je veillerai ici à ce que personne n'aille vous interrompre. — Tu le veux, Aura ? Jules le désire ?

je souscris à vos vœux, et je vais m'efforcer de rappeler à ma mémoire les moindres circonstances de tant de malheurs. Cela me fera du mal, je le sais; mais ce n'est que pour une seule fois. Que Jules retienne bien tout ce que je vais lui apprendre; car je ne lui en reparlerai jamais. — Oh! mon père, je vous écouterai avec la plus respectueuse attention.

M. Berny prit son fils par la main; tous deux traversèrent le jardin, s'arrêtèrent au petit sentier qui conduisait au tombeau mystérieux. Là M. Berny fit asseoir Jules à ses côtés, et notre père de famille fit au jeune homme le récit suivant, qu'il interrompit souvent par ses larmes et ses sanglots.

« Il faut que tu sois, mon cher

fils, grand, formé, raisonnable comme tu l'es, pour que je soulève le voile qui couvre depuis si long-tems les fautes dont quelques personnes de ta famille se sont rendues coupables. Celles de mon père surtout furent les plus graves, et c'est celles-là que je rougis de te raconter. Il est toujours très-mal à un fils de troubler les mânes de l'auteur de ses jours; il devrait, ce fils soumis, ne se souvenir que des vertus, ou du moins des bienfaits de celui qui lui donna l'être, et ensevelir ses torts ou ses faiblesses dans le plus profond oubli. Mais, mon ami, il vient un âge où l'on juge son père, quand il n'a eu pour nous que d'injustes procédés, quand nous lui devons nos malheurs; et je te permettrai de me juger à ton tour sévèrement, si je m'écarte jamais des devoirs que le titre le plus sacré impose pour la félicité de celui à qui nous avons donné l'existence... Jules, on peut naître du plus parfait honnête homme ; on peut aussi, et la société n'en fournit que trop d'exemples dans ces êtres dégradés qu'elle repousse de son sein, et qui sont pourtant pères de famille, on peut, dis-je, n'avoir à se reprocher que le tort involontaire d'une naissance déshonorante. Aimer, ménager même de tels pères, serait un fanatisme indigne d'un homme ferme et qui a du caractère. Ces exemples alors ne peuvent qu'augmenter la joie des enfans heureux, qui n'ont qu'à se féliciter d'avoir des modèles de toutes les vertus dans les auteurs de leurs jours. Ce sont des ombres au tableau social, nécessaires pour en faire mieux ressortir ce qu'il a de pur, de bien, d'estimable.

« A la gravité de ce préambule tu croiras peut-être que je ne puis avouer la source dans laquelle j'ai puisé la vie. Détrompe-toi, elle fut honorable cette source si funeste d'ailleurs ; mais si mon père fut un homme qu'on peut nommer, j'avais besoin de ces réflexions morales pour me justifier à tes yeux d'entrer dans les détails des fautes que la bizarrerie de son caractère lui a fait commettre pour son malheur, hélas ! et pour le mien. Ainsi je ne te cacherai rien ; en ménageant mes expressions relativement à ton aïeul, tu sauras tout ce qu'il a fait dans sa vie et comment il m'a traité,

« M. Evrard Berny, mon père, dut le jour à un banquier assez fortuné, doué du caractère le plus vif et le plus impétueux. L'épouse de ce banquier avait la manie du bel esprit; on la citait comme une dixième Muse; elle faisait en un mot des vers et des livres de tout genre. Encore une digression à ce sujet; ce sera la dernière.

« Ne crois pas, mon cher fils, par ce que tu vas entendre de cette dame, que je blâme toutes celles qui, comme elle, se livrent à la littérature. J'aime et j'estime trop ce sexe adorable pour lui faire un ridicule d'une occupation douce, aimable, utile, dans laquelle il réussit souvent mieux que nous quand il se livre au genre simple et sans prétention du roman ou des lettres.

J'honore, je chéris la classe des dames auteurs; mais, dans le nombre, il peut se rencontrer une folle, et telle fut la mère de ton ayeul.

« Dès l'enfance d'Evrard, elle avait habitué ce jeune homme, vif, ardent comme son père, à la lecture des romans les plus dangereux pour le jugement. Elle en faisait qu'il lui récitait par cœur. La mère aurait voulu souvent en être l'héroïne; comme elle aurait aimé quelqu'un qui l'aurait enlevée! Le fils ne rêvait aussi qu'enlèvement, scènes de bal ou de bosquets touffus. Les petites portes de parcs par où s'ourdissent toutes les intrigues de ce genre, faisaient son bonheur. Il ne se promettait rien moins, quand il serait grand, que de chercher des aventures, d'enlever les filles de ses amis, et de faire le Loveface dans toutes les sociétés. Ce caractère bizarre ne fit que croître avec l'âge et le tems. Il lui arriva cependant certaines aventures galantes qui lui prouvèrent qu'il n'est pas aussi facile de jouer le séducteur dans le monde que dans les livres. Cela ne le corrigea pas. Jusqu'à vingt-cinq ans, il accumula erreurs sur erreurs. Sa mère mourut, son père fut ruiné par des banqueroutes. M. Evrard sentit le besoin de gagner de l'argent; il accepta malgré lui une place de bureau. Son père était à sa charge. Ce vieillard impérieux forçait son fils de partager avec lui ses faibles appointemens, et cela en le menaçant de le frapper de sa canne. Entre deux hommes du même caractère, c'était un intérieur épouvantable. Enfin le vieillard mourut à son tour. M. Evrard, pour une nouvelle espièglerie *romantique*, perdit sa place; il s'engagea; et comme il était brave, plein de moyens, il s'avança bientôt jusqu'au grade de lieutenant.

« Jusqu'à présent, mon récit n'a été qu'une espèce de sommaire des faits principaux; mais ici commence une aventure qui mérite d'être racontée, puisqu'elle a influé sur le reste de ma vie. J'y mettrai à dessein la même obscurité dont mon père l'enveloppa lorsqu'il me la raconta à ma sortie du collége; (j'avais quinze ans alors, le même âge que toi quand je t'ai fait rentrer dans la maison paternelle).

« M. Evrard Berny, dans sa nouvelle carrière, avait déjà fait avec honneur plusieurs campagnes qui, comme je viens de te le dire, lui avaient mérité le grade de lieutenant de sa compagnie. Il était resté garçon ; se voyant arriver à l'âge de trente-six ans, il regretta de ne pas être époux et père.

« La paix avait succédé au fléau de la guerre ; son régiment devait passer le quartier d'hiver à Strasbourg ; il fallait qu'il y restât comme les autres officiers. Un jour qu'il se promenait seul dans la campagne, il vit une jeune personne qui fuyait avec effroi devant un loup, affamé sans doute et qui la poursuivait. M. Evrard tire son épée, vole vers l'animal furieux, le tue, et court ensuite à la demoiselle qui s'était évanouie. Lui prodiguer les soins les plus actifs, la rendre à la vie, lui offrir son bras pour la reconduire, tout cela fut l'ouvrage d'un moment pour mon père. Il questionne la jeune personne, qui joint à la plus rare beauté la naïveté, la candeur la plus touchante. Elle s'appelle Amélie; elle ne se connaît point d'autre nom; elle dépend d'un frère dont elle ignore également le nom et l'état. Ce frère, qui vient la voir quelquefois, l'a confiée aux soins d'une vieille duègne, méchante, acariâtre, et qui ne lui a jamais donné de renseignemens sur sa famille.

« Il n'en faut pas davantage pour échauffer une tête romanesque comme celle de mon père. Une belle inconnue à qui l'on sauve la vie, est une conquête piquante pour un amateur du merveilleux. Il s'enflamme pour Amélie, qui, de son côté, par reconnaissance sans doute paraît l'écouter avec intérêt. Ce jour-là il la laisse à la porte d'une maison de campagne de peu d'apparence, où elle dit demeurer, et lui donne rendez-vous, pour le lendemain, dans un verger voisin. Amélie s'y trouve ; les rendez-vous se multiplient ; mon père parle d'amour ; il est écouté ; enfin il enlève Amélie à sa duègne, à son frère inconnu ; il la cache dans un asile écarté, l'épouse par l'entremise d'un prêtre qu'il gagne, et devient père au bout d'un an. Je suis, mon cher Jules, le fruit de cette union coupable ; mais suivons.

« La guerre s'était rallumée ; il fallait que mon père quittât quelque tems son petit ménage, ignoré de tout le monde. Lié avec son colonel, il lui en fait la confidence; le colonel désire voir cette beauté cachée; il le conduit chez Amélie.... Ciel! quel coup de foudre! Amélie reconnaît son frère!... Le colonel retrouve dans madame Evrard sa sœur, qu'on lui a enlevée, qu'il a fait en vain chercher par-tout.... Le colonel sort furieux. Une heure après M. Evrard est arrêté; le lendemain le conseil de guerre s'assemble; il est condamné à être cassé à la tête du régiment et chassé du corps. Quelle honte pour mon père, qui subit cette humiliation en frémissant de rage. Amélie, ravie à son amant, meurt de chagrin dans un couvent où son barbare frère la relègue. Heureusement que, confié à un lait étranger, j'échappe aux persécutions de ce frère irrité.

« Mon père, déshonoré, veut appeler en duel son ennemi. Le colonel lui répond qu'on ne donne à un soldat dégradé que des coups de bâton. M. Evrard veut essayer de l'attaquer l'épée à la main, le colonel le fait presque assommer par des porte-faix apostés. Enfin un ordre sévère bannit mon père de la ville, et il part, emportant dans son cœur la rage et le plus brûlant desir de la vengeance. Il vient à Paris, m'y place d'abord en pension, puis dans un collége. J'ai quinze ans; il m'en retire et m'amène dans ces contrées, où il me fait entrer chez le plus fameux maître d'armes de la province, à qui il paie une forte pension. C'est alors

qu'il me raconte sa funeste aven=
ture; et, sans me nommer les ac-
teurs, il m'ordonne d'apprendre à
faire des armes le plus habilement
possible, afin de venger un jour
son affront sur le méchant qui en
fut l'auteur.

« Bientôt un de ses amis lui propose une spéculation des plus avan-
tageuses à faire dans les îles. Il
vient me voir, m'annonce son départ, me laisse une forte somme
d'argent pour exister pendant deux
ans, terme qu'il met à son voyage,
et se réserve de me nommer à son
retour, son cruel ennemi, à qui il
veut que je perce le sein. Il part
enfin avec Asselino, son fidèle serviteur, et qui était à lui depuis dix=
sept ans.

« Plusieurs années s'écoulent sans

que je voie revenir mon père, sans même recevoir de ses nouvelles. Ne sachant que faire, je donne des leçons d'armes à mon tour, et je passe ainsi dix ans seul, libre de mes volontés. Le hasard me fait faire, à Orange, la connaissance d'un ancien militaire très-distingué, nommé M. Duverceil. Ce brave homme avait deux enfans, un fils et une fille charmante, qui m'inspira la plus vive passion. Aussitôt que j'avais fini mes leçons, je volais chez M. Duverceil; et autant sa fille Aura témoignait de gaîté, de sérénité, autant je remarquais que M. Duverceil était sombre, soucieux et toujours troublé à mon aspect. Un jour il me fit entrer dans son cabinet. Berny, me dit-il en me prenant la main avec affection, vous ne m'avez jamais parlé de votre famille ; je désirerais avoir là-dessus quelques détails, avant de vous communiquer un projet que j'ai formé pour votre bonheur.

« Ce projet, je le devinais aisément. Je m'empressai donc de lui donner toutes les explications qu'il désirait ; je lui parlai du malheur arrivé à mon père, de sa haine mortelle pour le colonel, et de l'intention où j'étais moi-même de venger quelque jour l'opprobre de mon nom. Duverceil me laissa parler ; je crus remarquer qu'il était pâle, très-agité. Quand j'eus fini mon récit, il me dit avec bonté : voilà ce que je désirais savoir. Votre père est aux îles ; il y a huit ans que vous l'attendez ; il est possible qu'il n'existe plus ; mais s'il revient, j'ose croire qu'il approuvera les nœuds que je vais former. Je vous donne ma fille, Berny, et je vous la donne avec une dot suffisante pour vous faire quitter l'état, peu lucratif dans une province, que vous exercez. Je me suis aperçu que vous brûliez pour elle, je sais qu'elle vous aime, et je dois... oui, il est bien de mon devoir de faire deux heureux.

« L'air de tristesse, de trouble, de contrainte dont il accompagnait ces mots, aurait dû me faire réfléchir ; mais un jeune homme de vingt-six ans, à qui l'on accorde la main de celle qu'il aime, n'y regarde pas de si près. Ma joie était au comble ; et mon bonheur fut scellé par mon hymen avec la belle Aura. Elle me rendit bientôt père, de toi, mon cher Jules ! Juge de ma félicité !

« Quelque tems après, mon beau-père tomba dangereusement malade. Près de mourir, il me fit appeler seul. J'ai, me dit-il, mon cher Berny, un secret à vous communiquer, secret affreux pour moi, que ma fille elle-même ignore, et que je ne veux pas emporter au tombeau. Vous m'avez parlé d'un colonel qui fit autrefois le malheur de votre père, sur lequel vous vous proposiez de venger son injure.... regardez-moi ; vous le voyez ! — Ciel ! — C'est moi-même, qui, vif, bouillant, trop vindicatif, ai poussé le ressentiment au point de déshonorer un brave militaire. J'avais deux sœurs à qui je tenais lieu de père et de mère, puisque nous étions tous les trois orphelins. L'aînée eut un fruit de l'amour avec un de mes lieutenans nommé Dabin. Je mariai ce couple qui avait abusé de ma confiance. Mon autre sœur Amélie était en très-bas âge. J'imaginai, pour l'éloigner des militaires, de toute espèce de séduction, de lui laisser ignorer mon état, jusqu'à mon nom, qui lui aurait bientôt fait découvrir ma profession.... Je la confiai à une vieille femme qui me promit de l'élever suivant mon plan.... et vous savez comment, de ce côté, je fus encore trompé dans mon espoir... Je ne chercherai point à m'excuser à vos yeux. Je cédai trop à mon indignation, je le sais, j'en ai gémi cent fois depuis; et lorsque j'ai retrouvé en vous le fils de ma victime, j'ai cru pouvoir tout réparer en vous donnant et ma fille et mon bien. A présent, Berny, vengez votre père, si vous trouvez que l'outrage que je lui ai fait ne soit pas assez effacé.

« Je te laisse à juger de mon étonnement et de tout mon embarras. Mon ennemi était le père d'une femme que j'adorais, l'aïeul d'un fils qui comblait tous mes vœux. Je me persuadai que mon père, en faveur des bienfaits dont Duverceil m'avait accablé, aurait pardonné, et j'oubliai tout en serrant dans mes bras cet homme délicat, sensible et généreux.

« Nous le perdîmes ; notre part de son héritage nous servit à acheter cette maison du Paradis où nous sommes actuellement. Je dis notre part ; car tu n'as pas oublié que ta mère avait un frère qui nous aimait beaucoup, mais qui, après avoir dissipé sa fortune, mourut, ainsi que sa femme, en nous laissant la petite Aloyse sa fille, orpheline et sans fortune. Nous nous fîmes un devoir d'en prendre soin.

« Tu vois dans tout cela, Jules, l'effet d'une fatalité insurmontable, et sur-tout une suite nécessaire des goûts romanesques de mon père. Il part sans me nommer son ennemi, espérant revenir deux ans après, me trouver plus formé, plus habile dans l'art de l'escrime, et guider alors mes coups contre Duverceil ; mais il reste absent quatorze années entières, et pendant ce tems le sort me fait devenir justement le gendre de l'homme qu'il déteste le plus. ,

« J'avais trente ans, tu n'en comptais pas encore quatre lorsque M. Evrard Berny revint d'Amérique avec Asselino, ramenant avec lui un bon religieux Mathurin qu'il avait connu là-bas, et ce même Adalbert que tu viens de voir. M. Evrard s'était lié intimement, à la Jamaïque, avec M. de Faskilan, irlandais sans fortune. Cet homme avait un fils âgé de dix ans. Il mourut. M. Evrard lui avait juré de tenir lieu de père à son fils. Il tint parole, éleva le jeune Adalbert de Faskilan comme son fils adoptif, et l'amena en France avec ce titre et toutes ses prérogatives. Adalbert était un jeune homme de vingt-quatre ans, quand nous le vîmes pour la première fois. Mon père nous le présenta comme un homme qu'il aimait par-dessus tout.

« D'abord M. Evrard vit de mauvais œil que je me fusse marié sans son consentement.... Mais que devint-il quand il apprit, par d'autres que par nous, tu t'en doutes bien, que j'avais épousé la fille de son plus mortel ennemi !... Ce vieillard bizarre, emporté, ne voulut entendre aucune raison, aucune espèce de justification.

« Il se présente avec Adalbert et le père Augely, ce religieux dont je t'ai parlé. Il me fait la scène la plus affreuse ; je le vois prêt à maltraiter ma femme, qui, son fils dans les bras, embrasse les genoux de ce père irrité. Je me trouve forcé de lui manquer de respect. Alors ses deux amis, ma femme, l'aspect si touchant de l'enfance, rien ne peut l'attendrir.... Il me voue à tous les fléaux, à toutes les furies de l'enfer... Je les entends encore, Jules, oui, je les entends encore et toujours avec effroi, ces mots cruels du plus injuste des pères : « Fuis, fils indigne de moi, fuis à jamais ma présence ! Je te donne ma malédiction.... entends-tu que je te maudis ! » O Jules ! quel poids affreux sur ma tête !... »

Ici M. Berny verse un torrent de larmes, que le bon Jules, aussi touché que lui, parvient à essuyer... M. Berny se remet et continue son récit, entrecoupé de sanglots.

« Depuis ce moment... affreux..., nous ne le vîmes plus qu'à sa dernière heure.... Je savais que loin de s'enrichir dans les îles, il n'avait apporté que de quoi exister trèsobscurément. Ce n'était pas, tu le devines, mon cher Jules, sa fortune que je regrettais; mais c'est sa haine qui m'accablait de la plus vive douleur. Il habitait une simple maisonnette à deux lieues d'ici. Je m'y présentai vingt fois ; ma femme, son fils, ni moi, nous ne pûmes jamais arriver jusqu'à lui. Ce n'est pas qu'Asselino, qui le servait toujours, nous refusât durement sa porte; mais, forcé de suivre les ordres de son maître, il en gémissait comme nous. Je dois aussi rendre justice à son Adalbert. Il venait nous voir, il nous consolait; il parlait, disait-il, continuellement en notre faveur à son père adoptif; mais il ne pouvait rien gagner sur lui. Le père Augely, de son côté, qui nous fréquentait avec le plus vif intérêt, perdait toutes ses sollicitations auprès du vieillard le plus obstiné que l'on ait jamais connu.

« Un an après son retour en France, ce vieillard... que je n'ose plus qualifier, se sentit près de sa fin. Il nous fit venir alors, ma femme et moi ; mais ce fut encore pour nous accabler des plus cruels reproches. Il me remit une somme, en me disant que c'était ma légitime, et que le reste, qui d'ailleurs était peu considérable, appartenait par un bon testament, à son fils Adalbert. Je ne fis attention ni à cette spoliation, ni au testament qu'il me présenta. Je le conjurai de nouveau de révoquer sa malédiction ; tous mes efforts, ceux de ma femme, d'Adalbert, du père

Augely, d'Asselino enfin, furent de nouveau absolument inutiles. Il expira dans la même nuit; nous lui rendîmes tous les derniers devoirs; et je lui fis ériger ce tombeau, ici près, où je vais gémir tous les jours, en suppliant ses mânes respectables de révoquer, dans le sein de Dieu, l'arrêt cruel que, sans m'entendre, il rendit autrefois contre un fils innocent!...

« Adalbert, avec sa petite fortune, que je ne lui enviai jamais, alla s'établir à Paris. Le père Augely nous tint quelque tems compagnie; mais appelé auprès d'un frère, dans une autre province, il nous quitta, et nous vécûmes, bornant nos vœux à l'héritage de ma femme, ainsi qu'à ma faible légitime. Je n'ai pas besoin de te dire qu'après la mort de mon père nous prîmes avec nous ce bon Asselino qui avait en vain cherché à nous rendre auprès de lui les plus grands services. Par un oubli difficile à exprimer, M. Evrard n'avait rien laissé à ce bon serviteur ; il trouve chez nous une retraite assurée, et qu'il mérite bien par son attachement et sa fidélité ! »

Ainsi parla M. Berny. Jules fit mille réflexions, suivant son âge, sur la bizarrerie de tant d'évènemens ; puis, après avoir rendu leurs devoirs au tombeau d'Evrard, le père et le fils allèrent rejoindre madame Berny qui, charmée de ce que son fils était au fait des secrets de sa famille, l'embrassa en lui recommandant de mettre à profit les leçons de l'expérience, pour dédommager, par un juste retour de tendresse, le bon père qu'il possédait, des malheurs qu'il avait essuyés.

## X.

> Deux états s'offrent à ton activité : jeune homme, défends ton pays contre ses ennemis ; ou, si tu le préfères, sois l'avocat de la veuve et de l'orphelin. Dans ces professions si honorables, on sert sa patrie ; mais, si l'une vous couvre de lauriers, l'autre appelle sur votre tête les bénédictions des infortunés. Eh, la gloire vaut-elle le bonheur d'être utile à ses semblables.

PLUSIEURS années s'étaient écoulées, et monsieur ainsi que madame Berny étaient de jour en jour plus satisfaits de leur fils. Jules allait compter vingt ans. Il était grand, très-bien tourné, d'une figure des plus intéressantes, et son moral avait acquis autant de développement que son physique. On ne pouvait lui reprocher qu'une extrême vivacité, un peu d'inconstance dans ses goûts, et sur-tout un excès de confiance que son père avait essayé en vain de corriger. Cette expérience qu'on puise dans la lecture de livres moraux, ou dans les exemples que l'on a autour de soi, M. Berny cherchait à en pénétrer son fils, et il ne pouvait y réussir. Cela tenait à la bonté du cœur de Jules. Vertueux et sensible, il lui était impossible de se persuader qu'il existât des méchans, des hypocrites, des traîtres capables de vous entraîner dans des piéges. Il croyait tous les hommes bons, francs comme lui, et il attribuait aux malheurs qu'avait éprouvés M. Berny, une prudence qu'il traitait de mysanthropie.

Son amour pour sa cousine Aloyse s'était accru avec le tems. Aloyse voyait naître son dix-septième printems; elle était d'une beauté ravissante, et elle possédait aussi de son côté tous les dons de l'esprit et du cœur. Combien de fois ces jeunes gens, qui s'étaient déclaré leur passion mutuelle, se juraient-ils de s'aimer éternellement, de ne former qu'ensemble le lien si doux du mariage! M. Berny voyait avec plaisir cette touchante intelligence; car on sait qu'il les destinait l'un à l'autre.

Un matin que Jules se promenait avec Aloyse dans le vaste jardin du Paradis, il s'aperçut que leurs pas tendaient vers le sentier qui conduisait au tombeau d'Evrard: N'allons pas par là, ma cousine, dit Jules; cet asile où repose un homme qui fut bien injuste envers mon père, me pénètre d'une sombre mélancolie, depuis que je sais les malheurs de l'auteur de mes jours. —Tu les sais donc, toi, mon cousin, ces malheurs qu'on m'a cachés jusqu'à présent, parce que j'étais trop jeune pour en entendre le récit ? Eh bien, maintenant que je suis raisonnable, tu peux me les apprendre, n'est-ce pas ? Oh, mets-moi dans cette confidence, je t'en conjure. — Aloyse! tu sais combien je t'aime; tu sais que toute autre chose, fût-ce ma vie, tu l'obtiendrais si tu me la demandais; mais ceci, c'est un secret qui n'est pas le mien, qui appartient à mon père, et qu'il veut garder apparemment, puisqu'il ne juge pas encore à propos de te le communiquer. Le respect, la confiance qu'il a daigné me prouver, tout m'impose la loi d'imiter son exemple. Oh, Aloyse, il n'y a que mon père qui puisse te balancer dans mon cœur. Lui obéir en tout point est, sera toujours ma suprême loi, et tu ne peux qu'approuver le silence que je suis forcé de garder sur ce secret de famille. — Je ne puis te blâmer... pourtant, j'aurais été bien curieuse !... — Qu'il te suffise de savoir que ton oncle, mon respectable père, fut toujours vertueux, qu'il dut au hasard, à une destinée inévitable, la haine, la malédiction même de l'auteur de son existence. Oh ! quel père il avait! et que je bénis le ciel de m'en avoir donné un qui ne ressemble nullement à ce méchant Evrard! M. Berny ne souhaite, ne veut que mon bonheur, lui. Jamais il ne m'a refusé, jamais il ne me refusera ce qui pourra faire la félicité de ma vie.... Par exemple, Aloyse, je sais quelque chose... si je le lui demandais, je suis bien sûr qu'il me l'accorderait. — Quoi donc, Jules? — Ah, ah, c'est tout ce que je désire le plus ardemment au monde. — Parle. Tu souris. — Est-ce que tu ne me devines pas? — Non. — Non! cependant tu m'aimes? — De tout cœur. — Je t'aime aussi, moi, et plus qu'un cousin ne doit chérir une cousine. —C'est comme moi.—C'est-à-dire, que nous ne sommes plus seulement des parens, mais deux amans, et deux amans bien passionnés?... — Cela est bien vrai. — Est-ce qu'on ne pourrait pas faire deux époux de ces amans là? — Mais... je le crois. — Tu souris à ton tour? je sais qu'il nous faudrait des dispenses. Eh bien avec de l'argent, on a cela... A présent, tu connais ce quelque chose de si heureux pour moi, que j'ai à demander à mon père. — Y consentira-t-il, mon ami! Orpheline, sans biens, privée des auteurs de mes jours, de tout espoir de fortune! penses-tu que mon oncle, que ma tante, m'unissent à leur fils, à leur unique héritier! — Tu les juges bien mal! je suis certain qu'ils connaissent notre tendresse mutuelle. Eh, comment ne l'auraient-ils pas remarquée, quand à toute minute nous la laissons éclater ! Ils l'ont encouragé, cet amour si tendre; dès nos jeunes ans, ils ont fondé sur notre futur hymen tout l'espoir, toute la consolation de leur vieillesse. Ce n'est point une orpheline qu'ils ont vue, qu'ils voient en toi ; c'est un second enfant que leur a donné la nature; c'est une fille chérie dont ils ont à cœur la félicité autant que la mienne. Ils attendaient sans doute que nous fussions en âge de former les nœuds du mariage ? Nous y sommes : j'ai vingt ans, tu en as dix-sept ; je crois.... — Que nous sommes bien jeunes encore ! — Bien jeunes ! faut-il donc attendre cinquante ans pour se marier ! Et, quand on se convient, quand on s'aime, ne vaut-il pas mieux s'unir plutôt que plus tard; on n'en a que plus long-tems à jouir du bonheur d'une union bien assortie ! Le principal est de savoir si tu m'aimes assez pour me préférer à tout autre? — Il en doute, mon cousin ! — Ne m'appelle donc pas ton cousin; ce mot semble refroidir notre tendresse; il ne nous convient pas, Aloyse! nomme-moi ton ami, ton amant. — Mon ami, à la bonne heure; mais mon amant ! Une jeune personne qui se respecte peut-elle employer ce nom, qui ne convient qu'aux héroïnes de théâtre ou de romans. — Ton ami, soit, que je sois sans cesse, toujours ton ami, ton meilleur ami !... Ah çà, que mon père nous unisse bientôt ou bien tard, tu me jures de n'avoir jamais d'autre ami que Jules ? — Et toi,

Jules, tu n'en aimeras jamais une autre qu'Aloyse ? — Me punisse le ciel si je manque un jour au serment que je te fais de n'adorer que toi ! — Reçois la même promesse de ton Aloyse, et soyons à jamais unis ! — Pourquoi ne le serions-nous pas ! Tiens, il me vient une idée. Pleins de notre amour, pénétrés de nos sermens, montons à l'instant même et tous les deux chez M. Berny qui, je le sais, est maintenant seul dans son cabinet ? Nous nous jeterons dans ses bras, à ses pieds; nous lui dirons : Mon père, vous voyez deux amans; daignez les marier !... Et il ne nous refusera pas!

Aloyse rougit. Elle répond : Moi, Jules, que je me permette une pareille démarche auprès d'un oncle à qui je n'ai déjà que trop d'obligations ! elle n'est digne ni de mon sexe, ni de cette retenue, de cette modestie qui doit le distinguer ! Vas-y, mon ami, charge-toi seul de cette prière indiscrète. Si elle est octroyée, si l'on me demande mon avis, mon aveu, tu ne peux pas douter de ma réponse. — Oh, Aloyse, tu n'aimes pas comme moi !.... mais, puisque tu ne veux pas m'accompagner, me seconder, je vais faire un effort sur moi-même, et de ce pas, je cours, je vole chez mon père. Il m'entendra, il fera mon bonheur ! Reste, reste ici, Aloyse ; je ne te demande qu'un quart d'heure d'attente, pour t'apporter la nouvelle la plus favorable ! Attends-moi, te dis-je, et tu verras si c'est sans espoir que j'ose me flatter.

Jules court chez M. Berny, qu'il trouve occupé à lire. Mon père, lui dit-il en balbutiant, mon père... je vous dérange peut-être ? — Toi, mon fils ! tu sais que tu viens toujours à propos.... Mais qu'as-tu ? tu parais troublé ? — Mon père... c'est que.. — Eh bien ? d'où vient cette timidité que je ne te connaissais pas ? ton père t'a-t-il accoutumé à trembler devant lui ? — Non, oh non... — Parle, mon ami, as-tu quelque secret à me confier ? — Oui, j'en ai un, un ! bien important. —Voyons, fais-moi ta confidence, et causons comme deux vrais amis.

Jules se remet ; il prend du courage et continue ainsi : Mon père !... Aloyse !... ne vous êtes vous pas aperçu que j'aime Aloyse autant, oui, autant que j'ai de tendresse pour vous, pour ma mère; et certes, ce n'est pas peu dire! — En effet ( *il sourit* ) j'ai cru voir cela. J'ai remarqué aussi que ta cousine te paye de retour? — Oh, du plus tendre retour! — Eh bien, tant mieux, mes enfans; aimez-vous; vous ne pouvez pas me faire un plus grand plaisir. — J'en étais sûr. Oh, le bon père, l'excellent père! et vous daignez par conséquent consentir à nous marier? — Un moment? je ne dis pas cela. Votre tendresse mutuelle fait ma joie, celle de votre mère, tout notre espoir; mais je suis bien éloigné de penser déjà à vous unir. — Quoi, mon père!... — Réfléchis sur ton âge, sur le sien, et... — J'ai vingt ans, elle en a dix-sept; il me semble que c'est le meilleur âge pour... —

Pour jouer comme deux enfans, et ne se livrer à aucune occupation utile.—Comment, mon père, quelle occupation?

M. Berny prend un ton grave; il fait asseoir son fils près de son fauteuil, et lui répond avec fermeté : Avez-vous pensé, Jules, que je pusse me glorifier d'avoir donné à mon pays un citoyen inutile? Ai-je prétendu former un homme qui ne payerait pas son tribut à la masse de l'industrie commune! Avant de songer au mariage, mon ami, il faut se faire un état; il faut avoir une consistance, un sort fixé dans le monde. — Mais, mon père, est-ce que je ne suis pas votre fils unique; est-ce que votre fortune....
— Elle est à moi d'abord, cette fortune, Jules, et vous ne pouvez

l'espérer qu'après ma mort. — O ciel ! quelle idée, mon père !... — Vous ne possédez rien que ce qu'il me plaît de vous donner. — C'est vrai, mon père ; mais puisque vous voulez bien nous combler de bienfaits, Aloyse et moi qui ne sommes à présent que parens, que vous importe de nous continuer, comme époux, la même bienfaisance ? — Je vous entends, Jules ; vous trouvez tout simple que, mariés demain je suppose, je continue de vous donner à tous deux, tout ce qui vous est nécessaire, ainsi que je le fais aujourd'hui ? Mais, si le ciel vous accorde le bien inexprimable d'être père, quel sort ferez-vous à vos enfans ? qui les élèvera ? sera-ce leur père ou leur aïeul ? et vous sentez, je l'espère, combien il serait peu délicat à vous de me donner une pareille charge ? — Oui, vous avez raison, mon père, et je n'avais pas réfléchi...

Jules reste pensif. M. Berny poursuit : Ainsi, mon ami, tu es bien persuadé qu'avant d'être époux et père, il faut se préparer des ressources pour sa famille ? Jusqu'à présent, je t'ai laissé terminer ici, par mes leçons et tes études, ton cours d'éducation. Trop jeune pour t'éloigner de moi (car à vingt ans, on n'est plus un enfant, mais on n'est pas encore un homme), je ne t'ai point parlé du parti que je désirais te voir prendre. Puisque nous en sommes sur ce chapitre, mon ami, voyons, raisonnons nous deux avec sagesse et prudence. Tu aimes Aloyse; elle t'aime; votre union fait mon unique desir : ainsi je te promets que tu seras son époux. — O mon père, vous me la donnez ? — Oui, te dis-je, tu seras son époux ; mais, malgré ma vive affection pour vous deux, je te déclare, et c'est un parti très-décidément pris chez moi, que je ne te donnerai sa main que lorsque tu auras les moyens suffisans pour élever ta famille. C'est l'affaire de trois, quatre, cinq ans peut-être. Eh bien, mon cher Jules, seras-tu vieux à vingt-cinq ans ? c'est se marier même de très-bonne heure ; car l'homme raisonnable ne doit s'établir que lorsqu'il a six lustres bien comptés. — Oh, trente ans ! — Je ne te laisserai pas languir jusque-là, je te le promets. Songe donc, mon ami, qu'est-ce que c'est qu'un jeune homme de vingt ans! vif, léger, étourdi, inconstant, dont les passions peuvent troubler le ménage. — Jamais, mon père ! Je serais infidèle, inconstant, moi qui adore Aloyse ! — Tu pourrais le devenir, et je n'en serais pas étonné. — Je jure... — Point de sermens. A ton âge, on ne peut pas répondre de les tenir. — Nous nous sommes pourtant promis, Aloyse et moi, de nous aimer toute la vie. — Je le souhaite et l'espère; mais revenons au point capital. Il est question pour le moment d'utiliser tes talens, et je ferai tout pour te seconder, quelque entreprise que tu formes. Choisis ; je vais t'en proposer plusieurs. D'abord, deux états s'offrent à ton activité : jeune homme, défends ton pays contre ses ennemis; ou, si tu le préfères, sois l'avocat de la veuve et de l'orphelin. Dans ces deux professions si honorables, on sert sa patrie; mais, si l'une vous couvre de lauriers, l'autre appelle sur votre tête les bénédictions des infortunés. Eh ! la gloire vaut-elle le bonheur d'être utile à ses semblables !—C'est-à-dire, mon père, que vous pencheriez pour l'état d'avocat ? — Je ne prononce point, je te laisse toute liberté dans ton choix. Cependant, si je me hasarde à te dire mon avis, l'état militaire, mon ami, est celui que ma tendresse pour toi, celle que t'a vouée ta mère, redouteraient le plus. Tu sens les dangers que court un fils unique au milieu des combats, et les inquiétudes de ses parens !... avec cela, les chagrins, les humiliations même que mon père a essuyées dans cette carrière qui causa tous nos maux. Tu me devines, Jules !... Néanmoins si ton goût te porte au métier des armes, tu n'éprouveras aucune résistance de notre part. Je t'équiperai, je t'achèterai une sous-lieutenance, et tu partiras. — Non, mon père ; mes penchans sont absolument les vôtres. Je préférerais un état sédentaire, tranquille, et celui d'avocat... — Te conviendrait sous tous les rapports. Instruit comme tu l'es, avec la facilité que tu as à t'exprimer... Ainsi, voilà qui est décidé, tu seras avocat; et qui sait, par la suite, tu peux devenir un de nos plus respectables magistrats. — Oh, mon père me voit déjà premier président, pour le moins ! — Avec du talent, de la probité, du zèle et du travail, mon fils, on peut parvenir à tout. — C'est fort bien ; mais Aloyse ! — N'en parlons plus, ou nous nous fâcherons. Je te la promets, au plus tard, dans cinq ans. Tiens, écoute, j'ai reçu ce matin une lettre d'Adalbert qui cadre parfaitement avec nos intentions et le but de cet entretien. Adalbert, ce bon frère adoptif que tu connais, me demande ce que je veux faire de toi, me fait remarquer ton âge, tes moyens, et m'offre, en cas que le goût de prendre un état te force d'aller à Paris, de t'y recevoir chez lui en pension, de te tenir lieu de père, d'ami, de protecteur et d'appui en un mot. Adalbert est un homme sage, très-attaché à notre famille. Ta mère et moi nous ne sommes nullement éloignés de te confier à sa prudence. C'est maintenant à toi à me dicter la réponse que je dois faire à ce bon ami. — Comment, mon père, j'irais à Paris? — C'est la source des lumières, mon ami ! Pour faire ton stage, suivre les cours de droit, de législation... oh, l'on ne peut se former bien qu'à Paris. — Me séparer de vous, de ma mère !... — Tu n'oses pas ajouter et d'Aloyse ?... — Et d'Aloyse, mon père, puisque vous savez que je l'aime ! — Il faut de la raison, mon cher Jules. Ton Aloyse ne sera pas perdue pour toi. Tu la retrouveras plus formée, plus éclairée, plus digne enfin d'être ton épouse. Je t'aime, moi, tu n'en doutes pas ; eh bien, quelque douloureuse que soit notre séparation, je la supporterais avec courage et fermeté, puisqu'elle serait pour ton avancement. — Je frémis, mon père, en me voyant loin de vous, seul, dans une ville immense, où des périls de tout genre... — N'auras-tu pas Adalbert? plus jeune, moins grave, mais aussi sensé que moi, c'est au contraire un ami fait pour ton âge et tes goûts. Il n'attend qu'un mot de moi pour venir te chercher, et je te l'avoue, c'est à ses conseils, étendus dans quatre pages de sa lettre de ce matin, que je dois de m'être déterminé pour la profession d'avocat. Tiens, lis la cette lettre; tu verras qu'elle est dictée par la sagesse elle-même.

Adalbert en effet écrit à M. Berny que l'intérêt qu'il prend à tout ce qui lui est cher, l'engage à réveiller son zèle sur le compte de Jules. Il lui fait sentir qu'il est plus que tems que ce jeune homme choisisse un état; il entre dans les détails de tous les avantages que procure le barreau; il proteste de sa tendresse pour la famille de son père adoptif, et finit par demander Jules à Paris, où la quantité des amis qu'il a dans la magistrature doivent procurer bientôt un état solide et brillant au fils d'un frère que lui a donné l'amitié.

Jules n'a vu qu'un moment Adalbert; et, s'il en a été charmé, la correspondance qu'il a entretenue depuis par lettres avec lui, lui a donné pour cet ami de sa famille, un attachement inviolable. Jules n'est pas éloigné d'accepter l'offre d'Adalbert; seulement il regrette de se séparer d'Aloyse.

Madame Berny, qui vient se mêler à cette conversation, approuve les raisons de son mari, appuie sur la nécessité du voyage de son fils, malgré l'extrême douleur qu'elle éprouvera de s'en voir privée : et tout décide Jules à suivre les intentions de ses parens... Il ne sait pas néanmoins comment il aura la force d'annoncer cette nouvelle à sa chère cousine. Madame Berny se charge de ce soin.

Dans la même journée, Aloyse prévenue, imite la fermeté, la résignation de sa tante ; elle encourage de son côté le jeune homme dans ses nouvelles résolutions ; et, à la colation du soir, M. Berny annonce qu'il vient de faire partir une lettre pour Adalbert, dans laquelle il le prévient qu'il lui confiera son fils sans inquiétude, et qu'il peut venir le chercher quand il lui plaira.

## XI.

*Ah, quand on possède un cœur pur, un esprit juste, la fortune, les grandeurs peuvent bien éblouir l'esprit ; mais jamais, non jamais elles ne corrompent le cœur !*

Pendant que toute la maison de M. Berny, lui et sa femme les premiers, se livraient à la douleur que causait le prochain départ de Jules ( car on se doutait, Asselino surtout, qu'Adalbert ne manquerait pas de venir promptement répondre lui-même à la lettre du père de famille ), il arriva une petite scène d'intérieur assez neuve et qui se termina à la satisfaction générale, grace encore aux soins et au bon cœur de Jules.

On se rappelle que la marquise d'Arancourt avait adopté Rose, la fille de la mère Andrée, femme de basse-cour, qui était morte depuis. Rose, remplaçant Eugénie auprès de madame d'Arancourt, avait su tellement gagner l'affection de cette dame, qu'elle était traitée comme sa propre fille. Depuis cinq ans, robes, ajustemens de toute espèce, maîtres de sciences utiles et agréables, la marquise avait tout prodigué à celle qui lui rappelait, qui lui retraçait son Eugénie; et Rose, née avec de l'esprit naturel et des moyens, avait si bien profité des bienfaits de sa protectrice, qu'avec une figure charmante, elle possédait tous les fruits de la meilleure éducation. Ses habitudes de paysanne, sa gaucherie, sa niaiserie, tout avait disparu. Elle réunissait un excellent ton, de l'esprit, des connaissances, des talens, les manières de la bonne compagnie; on aurait juré en un mot qu'elle avait connu l'aisance et le grand monde dès ses plus tendres années. Ainsi, dans l'espace de quatorze à vingt-un ans, Rose avait changé en bien, et à un point qu'elle n'était plus reconnaissable; et tout cela s'était opéré pendant l'absence de Jacques Niquet, son ami d'enfance.

Or, il arriva qu'un jour Jacques Niquet revint de l'Auvergne où son père l'avait emmené. Diverses circonstances l'avaient retenu bien malgré lui pendant cinq années dans son pays natal. Mais son père n'existant plus, Jacques Niquet se voyant seul sur la terre, se ressouvint de M. Berny, et pensa surtout à Rose qu'il n'avait jamais oubliée. Il fit donc un paquet du peu d'effets qu'il possédait, le plaça sur son épaule au bout d'un bâton, se mit en route, et marcha, marcha jusqu'à ce qu'il fût arrivé au Paradis. Me v'là, dit-il naïvement, en entrant dans la salle à manger où la famille Berny était à dîner. — Comment, Jacques, c'est toi, dit madame Berny? — Oui, notre bonne maîtresse, c'est moi, c'est Jacques, qui n'a pas maintenant de père ni de mère que vous. Et où est donc mamzelle Rose ? — Un moment; que viens-tu faire ici ? — Parguienne, je venons vous redemander ma place et mamzelle Rose

— Pour ta place, elle est occupée par un autre; mais on t'en fera une, cela n'est pas difficile. Quant à *mamzelle Rose*, c'est différent, il n'est plus en notre pouvoir de te la donner. — Comment donc ça? — Elle n'est plus ici. — Bah! ç't'histoire! — Ce n'est pas une histoire; je te dis qu'elle n'est plus ici.

Madame Berny lui apprend l'adoption de Rose par la marquise d'Arancourt; elle entre dans les détails de la nouvelle éducation qu'on a donnée à cette orpheline, et elle finit par dire: Tu vois bien, mon pauvre Jacques, qu'une demoiselle accomplie en tous points, comme elle l'est à présent, ne peut jamais devenir ta femme. — Ah! jarni, qu'si qu'elle la sera! all'mé l'a promis; faudra ben qu'ça soit. —

J'en doute, mon ami ; si elle dépendait de nous, nous verrions ce que nous aurions à faire ; mais une autre a tous les droits sur elle. Adresse-toi à la marquise. — Nenni da, c'n'est pas à c'te marquise que j'nous adresserons ; c'est à mamzelle Rose elle-même. All'm'a juré qu'all m'épouserait. C'est comme un billet d'honneur un jurement comme ça. J'y vas tout de c'pas, tenez. — Quoi, tout de suite ? — A c'theure même. J'suis gros de tirer tout ça au clair. — Mais dîne, prends quelque chose. — Non vraiment. Je promets bien de ne pas mettre grand comme ça dans mon corps, que je n'soyons rassuré sur le compte de mon amour. Ah ! c'te marquise !... eh pis mamzelle Rose ! j'allons voir, j'allons voir. Dans quelques heures d'ici, j'vous en donnerons des nouvelles. — Mais écoute donc?.... Il n'écoute rien. Il court comme un fou.

Jacques en effet, sans se débarrasser de son paquet qu'il porte toujours sur l'épaule, vole au château d'Arancourt. Il demande madame; on lui répond qu'elle dîne chez une amie à un quart de lieue. — Mamzelle Rose au moins, c'est ici? — Mademoiselle est restée, vous la trouverez au salon. — Au salon! ah, jarnigoy, qué qu'tout ça veut dire!...

Il entre dans le salon où Rose, mise en un très-beau négligé, est occupée à répéter une sonate sur son clavecin. Jacques, qui est tout en nage, ôte son chapeau, tire le pied en disant: Mamzelle, excusez, c'n'est pas vous que j'demandons ; c'est mamzelle Rose. — Rose, c'est moi.

Rose, en se retournant, reconnaît Jacques, et reste saisie d'étonnement. Jacques de son côté est inanimé. Il balbutie : quoi, c'est toi... c'est vous, vous, mamzelle Rose !

Rose se remet. Elle répond : c'est moi-même, Jacques ; est-ce que vous ne me reconnaissez pas ? — Nenny dà. Rose que j'aimais, qui m'aimait, était habillée tout bonnement à la mode de la campagne ; elle n'avait pas c'te belle robe, ce beau chapeau, tous ces ornemens. Au surplus, si c'est vous, regardez-moi ben. Me v'là, moi ; toujours le même. Et vous, queque vous pensez d'ça ? — Comment, ce que je pense de cela ? — Oui, j'sis Jacques, moi, toujours Jacques; et vous, vous n'êtes plus qu'une demoiselle.... ed'la cour apparemment? C'est beau! — Jacques, modérez-vous, et sur-tout ménagez vos expressions. Comme il a chaud, ce pauvre garçon! — Oui, j'ons chaud; mais c'n'est pas la chaleur qui me gêne; c'est là, c'est au cœur qu'j'ons tout mon mal. — Et pourquoi? — Tu le... vous le demandez. Quequ'ça signifie c'te belle robe, c'te haute éducation qu'on vous a donnée? Ça veut dire au pauvre Jacques: vas-t'en, Jacques; r'tourne d'où tu viens; j'ons changé; j'sis infidèle. — Jacques, ce ton... — Jarni, que j'sis en colère! j'en pleurerais de rage! moi qui ai refusé, dans mon pays, la fille à Fliquet, qui avait deux burons, six chèvres et trois quartiers de terre ; et ça pour mamzelle Rose ! — Pour moi ! — Quand la veuve à Léonard me proposait sa main avec douze brebis et toutes les bêtes à cornes de son mari !... Non, que j'y dis, gardez tout ça ; j'ons promis mon cœur et ma main à mamzelle Rose ! — Ce pauvre Jacques ! — Vous soupirez ? la larme vous vient à l'œil ! c'est pourtant vrai qu'j'ons refusé dix partis, dix partis, mamzelle ! et pour une ingrate ! — Jacques, je ne dépends plus de moi. — Et d'qui qu'ça dépend ? de c'te marquise ? où est-elle que j'li chante un peu sa gamme ! — Mon ami, soyez plus honnête. — Sa fille Eugénie avait ben besoin de mourir ! — Jacques, calmez-vous. — La belle ouvrage que d'faire de vous une demoiselle ! — Il me fait mal ! — Toujours Rose, vous m'auriez sauté au cou ; vous m'auriez dit : te v'là, Jacques ; quand nous marions-nous ? J'vous aurions répondu : ces jours-ci, demain, le plutôt possible. — Vous m'affligez, Jacques.... J'ai affaire ; laissez-moi ? — Voyez si all'me tuteyra ? C'est une preuve de son changement !... Rose ! eh quoy, tu n'es plus Rose ? — Laissez-moi, vous dis-je ; je suis dans un trouble !... — Un seul mot, et j'm'en vas ; tu n'm'aimes plus ? — Puis-je et dois-je vous répondre ? — Un oui ; c'est ben court. — Je dépends de ma bienfaitrice, Jacques ; ce mot doit vous suffire. — Pour me faire comprendre que votre bienfaitrice ne vous donnera jamais à un pauvre paysan ?....

Adieu, mamzelle!... regardez-moi ben? vous m'avez vu ce que vous me verrez. — Où vas-tu? — Vous le saurez, vous l'apprendrez, et vous en mourrez... non, non, oh non! vous n'en mourrez pas de chagrin!

Jacques sort, laissant Rose aussi étonnée de sa visite que touchée de son désespoir. Jacques court au village prochain; il entre dans l'église; il voit un prêtre sortir d'un confessionnal; il se jette à ses genoux; il le supplie d'entendre sa confession. Le prêtre lui accorde cette grace. Jacques troublé, lui dit jusqu'aux péchés qu'il n'a pas commis; il se tait sur son amour, et demande l'absolution. Le prêtre la lui donne; Jacques court vers un précipice plein d'eau, et il s'y jette en nommant mamzelle Rose.

Le hasard avait dirigé la promenade de Jules de ce côté. Jules voit de loin un homme qui tombe dans une mare. Ne sachant si c'est à dessein ou non, Jules vole au secours de l'infortuné, et parvient à le sauver mais privé de sentiment. Qu'on juge de l'effroi de notre bon Jules quand il reconnaît Jacques ! Il lui prodigue tous les soins ; il l'entraîne jusqu'au Paradis, où il le fait mettre au lit. Jacques recouvre l'usage de sa raison, donne les motifs de son désespoir, et regrette qu'on l'ait rendu à la vie.

Le lendemain matin, Jules vole chez madame d'Arancourt, qu'il connaît sensible et généreuse. Il lui parle avec chaleur de l'amour de Jacques pour Rose, de son absence, de son retour, de son accident ; enfin il plaide avec tant d'éloquence la cause de son protégé, que la marquise, émue jusqu'aux larmes, sonne et mande Rose à qui elle veut parler devant Jules lui-même.

Rose entre ; elle ignore l'excès où s'est porté Jacques. M.me d'Arancourt lui prend la main : Tu as, lui dit-elle, reçu hier une visite dont tu ne m'as pas parlé ? — Madame... — Est-ce par une noble fierté, ou par le sentiment d'une véritable indifférence que tu as rebuté Jacques Niquet, ton ancien ami ? — Madame la marquise... — Parle, mon enfant. — J'aimai ce... jeune homme il est vrai ; mais... — Ton changement d'état te l'a fait oublier ? — Je ne dis pas cela... — Tu rougis ! aurait-il encore quelque empire sur ton cœur ? — Ce serait sans doute mal répondre aux bontés de madame que de conserver quelque... affection pour un homme de son état. —Pourquoi ? —C'est que... maintenant... je dépends de madame. — Et si je te le donnais pour époux avec une bonne métairie et vingt mille francs de dot, aurais-tu quelque répugnance à le voir ton mari ? — Si je ne craignais que ma bienfaitrice voulût m'éprouver ?... — Ah, loin de moi une pareille idée ! —Madame... — Eh bien ? — (*Rose se jette à ses genoux*) Eh bien, ma respectable amie, ce serait mettre le comble à vos bontés et à mon bonheur ! — Relève-toi, ma fille. Je m'en doutais. Ah, quand on possède un cœur pur, un esprit juste, la fortune, les grandeurs peuvent bien éblouir l'esprit ; mais jamais, non jamais elles ne corrompent le cœur !... Jacques est à toi. M. Berny, mon ami, me répond, par l'organe de Jules, de la probité, des qualités précieuses de ce bon auvergnat. Il est simple, tu es spirituelle et très-instruite ; eh bien, tu feras tourner ton instruction au profit de la sienne, et il a le tems de profiter avec un maître tel que toi. Je t'aiderai d'ailleurs ; car j'exige que vous ne me quittiez pas. Eh, je ne veux pas perdre sitôt ma seconde fille Eugénie !

Rose baisa, pressa contre son cœur les mains de sa bienfaitrice. On lui apprit l'accident de Jacques ; mais on ajouta qu'il n'y avait nulle suite fâcheuse à en redouter ; et Rose, ainsi que la marquise et Jules allèrent de suite au Paradis, dans la chambre même du malade, à qui on rendit la vie en l'assurant qu'à son rétablissement il deviendrait l'heureux époux de *mamzelle Rose*.

Le mariage se célébra, quelques jours après, sous les plus heureux auspices, dans la chapelle même du château d'Arancourt, devant monsieur, madame Berny, et notre ami Jules, qui dut bien jouir de son ouvrage.

Je n'ai cité ce trait, et plusieurs autres, dans le cours de ce premier volume, que pour bien faire connaître à mon lecteur toutes les qualités du cœur et de l'esprit de mon jeune héros. Son enfance est terminée, hélas! il devient homme! le verrons-nous toujours le même!... Il a des ennemis, des protecteurs inconnus, ainsi qu'on a du s'en apercevoir : saura-t-il éviter les piéges des uns, suivre les conseils des autres, détourner enfin la maligne influence de l'astre funeste qui a présidé à sa naissance? C'est ce que nous ne tarderons pas à savoir ; car nous allons suivre Jules dans une carrière bien différente de celle qu'il vient de parcourir, et qui fut si douce pour lui sous le toit paternel !...

Un matin, Asselino entre, sombre et de mauvaise humeur, dans la salle où toute la famille est rassemblée pour le déjeûner : Voilà, dit-il d'un ton brusque à M. Berny, voilà votre M. Adalbert de Faskilan, et son inséparable Forville, qui descendent de voiture.

Aloyse et Jules se régardent ;

pâlissent; mais M. Berny se lève, et dit à sa femme en souriant : Notre bon ami Adalbert, ma chère Aura! vite, volons, courons le recevoir!..

FIN DU PREMIER VOLUME.